THOMAS MEURER

ZUM (be)GREIFEN NAH

Glaubensblitze im Alltag

THOMAS MEURER

ZUM (be)GREIFEN NAH

Glaubensblitze im Alltag

kbw bibelwerk

www.bibelwerk.de

ISBN 978-3-460-30012-5

Umschlag: Finken & Bumiller, Stuttgart
Layout: Anna-Katharina Stahl, Stuttgart
Druck und Bindung: Ludwig Auer GmbH, Donauwörth

FÜR ULRIKE

LESEN ERLEBEN HEISST IMMER AUCH ERLESEN ZU LEBEN

Liebe Leserinnen, liebe Leser,

die Texte, die in diesem Buch versammelt sind, stellen eine kleine Auswahl von Artikeln dar, die seit 2001 für die Zeitschrift „Christ in der Gegenwart" entstanden sind und hier leicht redigiert zum Abdruck kommen. Die ursprünglich am liturgischen Gang des Kirchenjahres orientierte Reihe versucht Alltagsbegebenheiten spirituell aufzuschließen und mit buchstäblich „erlesenen" Spuren des Religiösen in (zeitgenössischer) Literatur, aber auch in Film und Musik zu verbinden. Auf diese Weise sind über die Zeit eine ganze Reihe von „Miniaturen" zusammengekommen, die sich als Angebote zum Weiterdenken und Verinnerlichen verstehen.

Mein Dank gilt zunächst dem Chefredakteur der Zeitschrift „Christ in der Gegenwart", Herrn Johannes Röser, dem ich viele kritische redaktionelle Hinweise über die vergangenen fünf Jahre hin verdanke, sowie Frau Claudia Gunkel vom Verlag Katholisches Bibelwerk, welche die Auswahl dieser Texte mit Sorgfalt und kreativem Engagement betreut hat.

Ich wünsche Ihnen, liebe Leserinnen und Leser, eine Vielzahl spiritueller Anregungen, die Ihnen vielleicht Lust machen, die erwähnten und verarbeiteten Bücher einmal ganz zu lesen und als Quellen geistlichen Lebens neu zu entdecken.

Münster, im Januar 2007

Thomas Meurer

INNEHALTEN

„Peinliche Stille kommt gar nicht erst auf. Jeder weiß gleich was zu sagen" So beginnt eine atemlose, ironische und doppelbödige Erzählung des 1929 in Berlin geborenen Schriftstellers Günter de Bruyn. In ihr treffen fünf junge Menschen in einer Wohnung nahe der Friedrichstraße aufeinander: Betsy, Kitty, der Amerikaner Guy, die Russin Tanja und der namenlos bleibende Ich-Erzähler. Alle warten auf Alexander, der als ihr geheimes Bindeglied dafür gesorgt hat, dass sie sich an diesem Abend bei Betsy treffen. Jeder versucht, im Smalltalk zu brillieren. Von den permanent aufeinander einredenden Figuren nahezu unbemerkt, nimmt für den Leser eine anfängliche Ahnung immer deutlicher Kontur an: Alexander ist unmittelbar vor der Haustür tödlich verunglückt, vermutlich von der Staatssicherheit auf diese Weise zu Tode gebracht. „Ein Mann, jung soll er gewesen sein, lief, ganz langsam übrigens, in ein schnellfahrendes Auto und war sofort tot.", berichtet die zu spät kommende Kitty. Und obwohl es direkt vor der Haustür geschehen ist und die Kreidemarkierungen der Unglückstelle vom Fenster aus zu sehen sind, schließt der Ich-Erzähler mit dem Satz: „Wir trinken viel Tee, rauchen unmäßig und warten auf Alexander, bis der Tag kommt." Günter de Bruyn überschreibt seine 1978 entstandene Erzählung mit dem Titel „Babylon" und deutet damit an, dass die Sprachverwirrung und das Nicht-wahrhaben-Wollen in dieser ostberliner Wohnung biblische Ausmaße haben. Der Versuch, „alles irrsinnig komisch zu finden" und „entsetzlich glücklich" miteinander zu sein, lässt für das abstumpfen, was vor der eigenen Haustür geschieht. In der spirituellen Tradition der Kirche wird seit der Vätertheologie das Pfingstgeschehen als ordnende Aufhebung des babylonischen Zerfalls gesehen. Es wäre zu wenig, wenn dies nur bedeuten würde, dass seitdem jeder reden kann, wie ihm der Schnabel gewachsen ist, und darauf hoffen kann, verstanden zu werden. Pfingsten heißt: die radikale Realität dessen zu sehen, was unmittelbar vor unseren Augen geschieht. Wer die Zusammenhänge erkennt, weiß vielleicht nichts mehr zu sagen. Aber nicht jede Stille ist peinlich.

DIE SOMMERRELIGION

„Man mag sagen, was man will", schreibt Heinrich Heine in seinen „Reisebildern", „der Katholizismus ist eine gute Sommerreligion." Einen grünseidenen Vorhang zur Seite schiebend, der den Eingang des Domes bedeckt, tritt der Dichter in eines der italienischen Gotteshäuser ein, und sofort, so erzählt er weiter, werden ihm Leib und Herz „angenehm erfrischt von der lieblichen Luft, die dort weht und von dem besänftigend magischen Licht, das durch die buntbemalten Fenster auf die betende Versammlung herabfließt." Von einem solchen Ort, der zu Zeiten, wo draußen die Sonne sticht und die Hitze brütet, mit seinem gedämpften Licht und seiner wehenden Kühle zum Verweilen einlade, habe man in unserem protestantischen Norddeutschland gar keinen Begriff, so Heine, „wo die Kirchen nicht so komfortabel gebaut sind und das Licht so frech durch die unbemalten Vernunftscheiben hineinschießt und selbst die kühlen Predigten vor der Hitze nicht schützen." Wer sich in seinen jetzt anstehenden Ferienwochen vielleicht eher durch Zufall mitten an einem strahlenden Sommertag in eine Kirche verirrt, wird ähnliche Erfahrungen machen. Und vielleicht stimmt es ja wirklich, dass wenigstens einmal im Jahr die eigene Religion auch eine „Sommerreligion“ sein darf; dass sie mal nicht weise und klug sein muss, sondern unmündig und kindlich leichten Herzens sein darf; dass sie denen Ruhe verschafft, deren Alltag aus schweren Lasten besteht. „Wer sich darin erschöpft, hinter die Bilder zu gucken, der verliert sie.“, sagt der Religionspädagoge Fulbert Steffensky. Wenigstens ab und an muss man damit innehalten, Kirche und Glauben immer analysieren, durchschauen und kritisieren zu wollen. Stattdessen darf man eintauchen in die Bilder, Räume und Riten und daraus Kraft ziehen. Auch das ist Religion: ein Ort der Ruhe für die Seele. Vielleicht heute mehr denn je.

DIENSTAGSLEUTE

Sie treffen sich immer dienstags. Vierzehn Wochen hindurch. Der eine ein sterbenskranker, von seiner Krankheit gezeichneter und immer stärker eingeschränkter Professor, der andere einer seiner früheren Studenten: Radiomoderator und TV-Journalist, jung und erfolgreich. Mitch Albom hat in seinem Buch „Dienstags bei Morrie“ die Abschiedsgespräche mit seinem todkranken Hochschullehrer Morrie Schwartz aufgezeichnet. Das 1997 in den USA erschienene Buch war ein solcher Erfolg, dass es bereits 1999 mit Jack Lemmon filmisch umgesetzt wurde. „Wir sind Dienstagsleute“, sagt Morrie Schwarz zu Mitch, der auf neue Weise zu seinem Schüler geworden ist. Ab und an gestattet sich Morrie, sich zu bemitleiden und über seine Situation zu weinen. Aber er konzentriert sich auch auf all die guten Dinge, die es noch in seinem Leben gibt: „Auf die Leute, die mich besuchen kommen. Auf die Geschichten, die ich hören werde. Auf dich – wenn es Dienstag ist." Ich denke an die regelmäßigen Seminartreffen in meinem Studium. Oder an die Stunden, zu denen ich jahrelang in Schule und Ausbildung, ehrenamtlicher Arbeit oder zum privaten Gespräch gegangen bin oder noch gehe. Da gab und gibt es meine Dienstags-, Mittwochs- oder Freitagsleute. Das alles sind keine verklärten Momente, auf unseren Gesichtern leuchtet die Sonne nicht und unserer Gewänder werden nicht blendend weiß wie das Licht. Aber in der Regelmäßigkeit des Alltags, in der Routine des Ankommens und Abschiednehmens muss das alles nicht fehlen. Mitch liebt die Art, wie Morries Gesicht aufleuchtet, wenn er ihn besuchen kommt. „Ich glaube daran, völlig präsent zu sein, wirklich bei der Person zu sein", sagt Morrie. Ich versuche das in diesen Wochen. Vielleicht verklärt sich so manch alltäglich gewordene Begegnung.

DIE STILLSTE ZEIT IM JAHR?

Der israelische Schriftsteller Amos Oz erzählt in seinem Buch „Eine Geschichte von Liebe und Finsternis"; das schon bevor es in Deutschland erschienen in den Rang der Weltliteratur erhobenen worden ist, von seinem Onkel Nechemja. Ein langsamer Mensch sei das gewesen, der Veränderungen gehasst habe. Stand er irgendwo, war er nicht zum Sitzen zu bewegen; und hatte er sich erst einmal gesetzt, bekam ihn niemand so schnell wieder hoch. „Man sagte ihm:", schreibt Amos Oz, „Steh auf, Nechemja, … bis wann willst du denn hier sitzen bleiben?

... Bis der Messias kommt? Worauf er antwortete: Mindestens." Ich schmunzele und denke, wie schön es wäre, bis zur Geburt des Messias an Weihnachten einfach sitzen zu bleiben. Mein Bedarf an Aufbruch und Umkehr, an Wegbereitung und Straßenebnung ist gedeckt. Wenn der Advent wirklich „die stillste Zeit im Jahr" ist, wie es in einer Volksweise von Norbert Wallner heißt, dann hat neben Kummer und Harm jetzt auch die allezeit sorgende und sich grämende Marta in mir zu schweigen. Maria hat jetzt das Sagen. Ich hätte große Lust, es im Advent wie Ida zu machen, von der Anne Weber in ihrem Buch „Ida erfindet das Schießpulver" erzählt. In einer der kleinen Geschichten leistet Ida sich ein Double, das jeden Morgen an ihrer Stelle ins Büro geht, für sie im Supermarkt Schlange steht und sogar sonntags in den Gottesdienst gehen würde, wenn es sein müsste. Da ich mir diesen Luxus nicht leisten kann, nehme ich mir im Advent wenigstens die Freiheit, eine Viertelstunde am Tag bei einer Kerze einfach nur dazusitzen. Allenfalls ein Gedicht oder ein Buch als Gegenüber. Den Trubel der Weihnachtsmärkte und Festtagsvorbereitungen überlasse ich anderen. Ich bliebe am liebsten sitzen, bis der Messias kommt.

VORPLATZ MIT ARAUKARIE

Wer Hermann Hesses Erzählung „Der Steppenwolf" gelesen hat, wird die erste persönliche Begegnung des Erzählers mit Harry Haller, der sich selbst als „Steppenwolf" bezeichnet, nicht vergessen. Vor einer Wohnung im ersten Stock des gemeinsam bewohnten Hauses treffen sie zusammen. Auf einem kleinen, parkettbelegten Platz zwischen Treppe, Fenster und Glastüre, wo ein hoher Mahagonischrank mit altem Zinn an der Wand steht und davor zwei Pflanzen in großen Töpfen: eine Azalee und eine Araukarie. Alles sauber und tadellos. „Sehen Sie", sagt Haller, „dieser kleine Vorplatz mit der Araukarie, der riecht so fabelhaft, ich kann hier oft gar nicht vorbeigehen, ohne eine Weile haltzumachen." Und er beginnt zu schwärmen vom Ausstrahlen dieser unantastbaren Sauberkeit und von diesem „Superlativ von bürgerlicher Reinheit, von Sorgfalt und Genauigkeit, von Pflichterfüllung und Treue im Kleinen." Harry Haller selbst lebt in einer völlig anderen Welt, die ihm zur Steppe und Öde geworden ist, und er ist sich gar nicht sicher, ob er es auch nur einen Tag in einer solch bürgerlichen Welt aushalten würde. Und doch hält er immer wieder an diesem „stillen kleinen Garten der Ordnung" inne und freut sich, dass es das noch gibt. Die Figur, die Hermann Hesse in Harry Haller geschaffen hat, hält bis heute dem in einem kulturlosen und unmenschlichen Inferno einsam herumstreunenden Menschen einen Spiegel vor und fragt: Wo findest Du noch jene kleinen Orte der Reinheit, Sorgfalt und Genauigkeit, der Pflichterfüllung und der Treue im Kleinen? Der moderne Mensch ist längst mit blindem Fleiß dabei, solch kleine Gärten der Ordnung, in denen eine Gegenwelt für ihn gegenwärtig und erlebbar bleibt, systematisch zurückzudrängen und zu zerstören. Am Ende aber wird er in der globalisierten Kälte der Einheitlichkeit die Kirche im Dorf, das Einzelhandelsgeschäft in der Straße, den Bildstock am Weg, all die Spuren der Bürgerlichkeit und Anständigkeit vielleicht mehr vermissen, als ihm lieb ist.

DINGE BETRACHTEN

Peinlich genau hält er sich auf dem Bürgersteig. An der roten Ampel wartet er geduldig auf die Grünphase. Überquert er eine Straße, dann nur über den Zebrastreifen. Alle schmunzeln über ihn. Fast immer allein unterwegs gehört er zum Stadtbild. Spricht ihn jemand an, bleibt er stehen, lässt sich in einen zumeist recht einseitigen Plausch verwickeln. Wäre sein schwarzes Fell nicht mit einigen grauen Strähnen durchzogen, könnte er der sprichwörtliche bunte Hund sein. So aber kennen ihn die meisten, ohne zu wissen, woher er wirklich kommt und ohne zu ahnen, dass er gar nicht obdachlos ist, sondern zu einer Familie aus einer der Querstraßen gehört. Doch mit seinen 112 Hundejahren lässt er sich nicht mehr vorschreiben, wann und wohin er zu gehen hat. Timmi ist ein autonomer Senior. Einer, der das Viertel zusammenhält, weil er überall Besuche abstattet und für alle und jeden zwei offene Ohren hat. So betreibt Timmi Notfallbegleitung bei Lars, der mit seiner Fünf in Mathe auf dem Nachhauseweg ist; und kurze Zeit später spricht eine ältere Dame, die in der Mittagszeit ihre Einkäufe erledigen will, ihre ersten Worte an diesem Tag mit ihm. Timmi: das ist Seelsorge auf vier Pfoten. Ihm, der es noch nicht einmal zu einem echten Streuner gebracht hat, gelingt es, mit dem wenigen, das er geben kann, alle im Übermaß satt zu machen. Timmi lebt nicht mehr. Er starb vor einigen Jahren, von einem ganzen Stadtviertel betrauert und vermisst. Wenn ich an ihn denke, fällt mir ein Text der amerikanischen Autorin Oriah Mountain Dreamer ein, in dem diese fragt: „Ich möchte wissen, ob du es riskierst, wie ein Narr auszusehen für die Liebe, für deine Träume, für das Abenteuer des Lebendigseins." Ich glaube, so hat auch Timmi gefragt, wenn er vor einem stand und den Kopf schief hielt. Oder vielleicht so ähnlich. Wer kann das schon so genau wissen? Wuff!

DIESES AMBIVALENTE WORT „KÖNIG"

Lisa-Marie hat ein neues Lieblingsbuch. Es heißt: „Der kleine König". In ihm erzählt Gina Ruck-Pauquèt die Geschichte eines Kindkönigs, der auf einer Reise durch sein Reich eine Antwort auf die Frage findet, die er sich zu Beginn stellt: „Warum bin ich eigentlich ein König?" Nachdem er die Menschen und die Hauptstadt seines Reiches kennengelernt hat, findet er am Ende nur noch sein eingestürztes Schloss vor. Dafür aber glaubt er, „innen größer geworden" zu sein. Ich kann Lisa-Marie verstehen. Nicht nur, weil die Bilder von Hartmut Bieber eine Illustration des Protagonisten geschaffen haben, die man unausgesetzt umarmen möchte, sondern auch, weil sich mit diesem „kleinen König" eine fast archetypische Sehnsucht nach dem guten Herrscher ausdrückt. Die 1953 in Rumänien geborene Autorin Herta Müller spürt dagegen dem ambivalenten Bild des Königs in ihrer meisterhaften Erzählung „Der König verneigt sich und tötet" nach. „Der König war von Kind an in meinem Kopf. Er steckte in den Dingen.", schreibt sie. „Der König war immer schon ein gelebtes Wort, mit dem Reden war ihm nicht beizukommen." So wird „König" in Herta Müllers Kindheitserinnerung zur Chiffre einer ständigen Bedrohung unter der Diktatur Ceausceşcus, in der Herta Müller aufwuchs. Der geliebte König im Schachspiel des Großvaters verschmilzt mit dem gefürchteten „König", der für Bedrohung, Verhöre und Demütigungen steht. „Ich sagte ihm nie, wie sehr ich den König fürchtete und mochte. Ich glaube, man sagt dazu: ich hatte den Kopf nicht frei.", schreibt die Erzählerin nach dem Tod ihres Großvaters. Der „kleine König" von Gina Ruck-Pauquèt und der übergroße, bedrohliche „König" Herta Müllers erinnern mich daran, wie ambivalent unsere Bilder und Worte im theologischen und kirchlichen Raum sind. Als gäbe es ein für immer geschlossenes Einverständnis. Was aber, wenn die „Lücken, durch die man zwischen Wort und Gegenstand hindurchschauen und ins Nichts starren" (Herta Müller) muss, auch in den Wörtern unserer christlichen Tradition unübersehbar werden?

DIE SCHREIBMASCHINE

Sie liegt neben einem alten Plastikeimer. Die Walze unnatürlich weit herausgefahren wie ein ausgerenkter Arm. In den Fingermulden der Buchstabentasten kleine Regenpfützen, an der Seite ein feuchtes Herbstblatt. Irgendjemand hat sie auf diesem Sperrmüllhaufen entsorgt. Vielleicht ist sie irreparabel defekt. Vielleicht hat ihr Besitzer auch nur nirgendwo ein passendes Farbband auftreiben können. Jetzt wartet sie hier, bis der Entsorgungsdienst kommt, sie aufhebt und in den gierigen Schlund des Müllwagens wirft. Ich denke an Peter Härtlings „Hermes Baby", jene kleine Reiseschreibmaschine, die ihn seit seiner ersten Anstellung bei der „Heidenheimer Zeitung" im Jahr 1954 begleitet: „ein extravagantes, weil ausländisches und sehr elegantes Modell", wie Härtling in einem Interview sagt. Und ich denke an Paul Auster und seine Olympia-Reiseschreibmaschine. „Wir sind jetzt seit über einem Vierteljahrhundert zusammen.", schreibt Auster in seinem Buch „Die Geschichte meiner Schreibmaschine“, „Wo ich auch hingegangen bin, die Schreibmaschine hat mich begleitet. Ich habe mehrere Autos und mehrere Kühlschränke besessen und mehrere Wohnungen und Häuser bewohnt. Ich habe Dutzende von Schuhen durchgelaufen … Alles geht kaputt, alles nutzt sich ab, alles wird irgendwann unbrauchbar, aber die Schreibmaschine ist immer noch bei mir.“ Anvertraut wie ein Talent ist die Schreibmaschine für Paul Auster beinahe zu einer Partnerin geworden. „Es fällt mir schwer, meine Schreibmaschine als ein Ding zu sehen.“, schreibt Auster, „Langsam, aber sicher ist aus dem Ding ein lebendiges Wesen geworden.“ Wie viele Dinge, mit denen ich mich alltäglich umgebe, sind inzwischen zu lebendigen Wesen an meiner Seite geworden? Meine Aktentasche, mein Füller, meine Geldbörse … alles Dinge, von denen das gilt, was Paul Auster an seine „Olympia“ schreibt: „Ob es dir passt oder nicht, erkannte ich, wir haben eine gemeinsame Vergangenheit. Und im Laufe der Zeit begriff ich, dass wir auch eine gemeinsame Zukunft hatten.“ Irgendwann habe ich mal gelernt, man solle sein Herz nicht an Dinge hängen. Vielleicht ist es längst Zeit umzulernen.

VOR DEM BILDNIS DES GEKREUZIGTEN

Er möchte sich gern eine Stunde lang in die Kirche setzen und den Altar anschauen. Sie möchte es sich schön mit ihm machen, am liebsten am Meer. Christoph Peters entwirft in einer der Erzählungen seines Buches „Kommen und gehen, manchmal bleiben“ eine an Kafka erinnernde Szenerie: ein junger Forscher bekommt von einer dubiosen Stiftung Unterstützung, seine Studien zum ältesten erhaltenen spätgotischen Schnitzaltar voranzutreiben. Doch in dem Dorf am Ende der Welt, in das er sich mit seiner Partnerin begibt, trifft er nur auf geschlossene Türen und ablehnende Haltung. Nicht nur Lena hatte sich ihr beider Forschungsausflug ganz anders vorgestellt. Der Ich-Erzähler beschließt jedenfalls, im Sinne einer ersten Annäherung eine Stunde lang den Flügelaltar anzuschauen. „Plastiken, insbesondere Holz- und Steinplastiken, haben eine Empfindlichkeit wie Tiere oder Menschen. Die muss ich als Forscher respektieren, sonst verweigern sie sich", argumentiert er Lena gegenüber, die ihn verlacht. Gerade in den Tagen der Fastenzeit gehen meine Blicke häufiger als sonst im Jahr zur Darstellung des Gekreuzigten. In manchen Gemeinden wird sogar bis heute noch das Kreuz verhüllt, um am Karfreitag seine drastische Unglaublichkeit zu enthüllen. „Gott kam ins Fleisch, starb, erstand, wurde Erinnerung, in Holz geschnitten, will darin wohnen, für alle Zeit, denen zum Heil, die spät geboren sind", denkt der Forscher in Christoph Peters Erzählung. Und wie er setze ich, der nahezu zweitausend Jahre später Geborene, mich den manchmal so fremden Bildern des Leidens und Sterbens Jesu aus und warte, bis die geschnitzte Erinnerung zu sprechen beginnt. Manche Darstellung kann mir zum Brunnen werden, aus dem ein Wasser entspringt, das meinen sehnsüchtigen Durst für immer stillt.

MÖPPELKEN

Sie zog ein zerknittertes Foto aus ihrem Portemonnaie, strich es zwischen Daumen und Zeigefinger glatt und sagte: „Schauen Sie mal: das ist mein Möppelken!" Die Photographie zeigte einen ziemlich rund geratenen Dackel, der offensichtlich während des Photographierens an der Kamera zu schnuppern versucht hatte. Und sie erzählte von ihrem früheren Alltag: davon, dass Möppelken in ihrem Bett geschlafen habe, dass sie morgens beim ersten Gang mit ihrem Dackel Brötchen geholt habe, um dann gemeinsam mit ihm zu frühstücken. Und nachdem sie all das erzählt hatte, schloss sie mit einer Kinderstimme, die das ‚o' ins Unendliche dehnte: „Ich bin soooo traurig, dass das alles nicht mehr so ist." Sie waren getrennt worden, als es nicht mehr anders ging. Möppelken saß jetzt in irgendeinem Tierheim im Rheinland, sein Frauchen verbrachte ihre letzten Tage in einem westfälischen Hospiz. Oft fragte sie sich und das Pflegepersonal, wie es Möppelken wohl jetzt gehen möge und ob er sie wohl so vermisse, wie sie ihn. Und die Schwestern antworteten dann, dass ja auch Möppelken schon ganz alt gewesen sei und sicher bald sterben müsse. „So wie ich?", fragte sie dann zurück und keiner wusste so recht, ob ihr die Ernsthaftigkeit ihrer Frage wirklich bewusst war. Nachdem die alte Dame gestorben und ihr Leichnam vom Bestatter abgeholt worden war, fand man auf ihrer Bettkonsole das zerknittere Photo ihres kleinen Dackels, das sie nahezu allen Mitarbeitern im Hospiz gezeigt hatte. Diejenigen, die die Verstorbene bis zuletzt begleitet hatten und die jetzt noch einmal in ihr Zimmer kamen, rührte diese kärgliche Hinterlassenschaft zu Tränen. Bleiben nicht am Ende von uns allen nur zerknitterte Photographien von Momentaufnahmen unseres Lebens zurück? Photographien, die an Orte erinnern, an denen wir einmal glücklich waren und an Menschen oder Tiere, mit denen wir in Beziehung lebten; Momentaufnahmen von dem, was einmal unser Glück und unser Stolz war. Ich hoffe nur, dass einer sie aufhebt und im Lebensalbum sammelt.

RELIGIÖSER KURIOSITÄTENHANDEL

Ich gebe zu: ich war enttäuscht. Mit wachsender Spannung hatte ich unter den Versicherungsverträgen, Zeugnissen und Urkunden nach dem Fahrzeugbrief meines Gebrauchtwagens gesucht. Doch da stand nur ein Allerweltsname, ohne jeden Titel, irgendwo aus dem Hannoverschen. Keine Chance, die Kaufsumme meines schwarzen, bescheiden ausgestatteten Kleinwagens über eine Auktion im Internet ins Gigantische zu vervielfachen. „Je wichtiger ein Gegenstand ist, desto lustiger muss man ihn behandeln“, hat Heinrich Heine einmal gesagt. Da wundert es zunächst nicht, dass es den in limitierter Auflage erschienenen, als Papst gekleideten Teddybären ebenso gibt wie das von dem Fernsehmoderator Stefan Raab als „original Ratze-Fummel“ ersonnene T-Shirt mit dem Aufdruck „Machet Ratze!“ Und es erstaunt auch nicht, dass einfaches Backwerk über Nacht zum „Papst-Wecken“ wird. Oder dass ein Auto, das zum Fuhrpark eines Kardinals gehörte, der selber gar keinen Führerschein besitzt, als „Papstgolf“ zu Unsummen den Besitzer wechselt. Doch man kann Heines Satz auch umdrehen: Je lustiger ein Gegenstand ist, desto wichtiger muss man ihn behandeln. Diese Form modernen Reliquienhandels, dieses im religiösen Fahrwasser sanft mitschwimmende Kuriositätenkabinett sagt doch, neben dem Eindruck, dass heute „alles zu Kunst gemacht werden kann“, wie der Künstler HA Schult feststellt, und ebenso alles zum Verkaufsgegenstand werden kann, auch aus, wie groß die Sehnsucht nach dem allgemeinen Besonderen ist, wie stark der Wunsch wirkt, teilzuhaben an dem, was zwar jedes Auge gesehen und jedes Ohr gehört hat, was aber noch lange nicht jedem Menschen bereitet ist. Ein

Nachrichtendienst im Internet berichtet, der frühere Besitzer jenes „Papstgolfes“, der jetzt sogar auf privaten Auftrag vom Volkswagenwerk originalgetreu nachgebaut wird, um einen „Bruder“ in der Stadt Regensburg ausstellen zu können, habe nur lächelnd den Kopf geschüttelt, welch ein Wirbel um so etwas Nebensächliches wie ein auf seinen früheren Namen zugelassenes Auto gemacht werde.

WONACH SCHMECKT KIRCHE?

„Iiiii, die Kirche schmeckt salzig!“, ruft Lisa empört aus. Mit ihren fünf Jahren kundschaftet sie jeden Winkel der bayrischen Barockkirche aus und hat just in diesem Moment das Weihwasserbecken entdeckt, den Finger hineingesteckt und eine Geschmacksprobe genommen. Lisas Unbefangenheit erinnert mich daran, dass auch für das Kind, das ich einmal war, jede Kirche ein sinnliches Erlebnis war: geheimnisvolle Dunkelheit, würzig-süßer Weihrauchduft, viele Farben, wärmendes Kerzenlicht, Musik und Berührung. Die französische Theaterautorin Véronique Olmi hat in ihrem 2001 erschienenen Romandebüt „Meeresrand“ einen ähnlichen Eindruck beschrieben. Die bedrückende Geschichte einer verzweifelten, immer mehr den Bezug zur Realität verlierenden Mutter, die mit ihren beiden Söhnen Kevin und Stan aufbricht, um ihnen einmal das Meer zu zeigen und ihnen dort, in einem schäbigen Hotel einer düsteren Hafenstadt das Leben zu nehmen, um sie im Tod zu vereinen, gestaltet sich zu einer Reise in die Mitte menschlicher Nacht. Aber inmitten aller Heimatlosigkeit erzählt die verzweifelte Mutter: „Ich gehe oft in Kirchen, natürlich, wenn sie leer sind. Da ist ein Geruch, der erinnert an die Zeit, die vergeht, da sind Kerzen, da ist eine Stille, das tut immer seine Wirkung, ein leises Ziehen im Bauch. Sie sind alt und doch stehen sie noch. Sie sind alt und doch sterben sie nicht. Eine leere Kirche ist etwas, das man nicht erklären kann, das gefällt mir." Trotz der Vielen, die beklagen, dass ihnen die Kirche die Suppe gründlich versalzen habe, und der anderen, denen die Kirche in einer immer geschmackloser werdenden Gesellschaft nicht scharf genug ist, will ich nicht vergessen, dass Kirche für mich immer noch nach Heimat schmeckt, nach Unerklärlichkeit, nach Zeit und Zeitlosigkeit.

SCHNUFFEL, WILSON & CO.

Wir mussten an der Grenze umkehren. Lisa war nicht bereit, ohne Schnuffel das Land zu verlassen. Schnuffel ist ein inzwischen einäugiger, überdimensional langer und schlaksiger Kuschelhase, der zu wenigstens einem Drittel aus Ohren besteht. Das ehemals graue Filzfell und die weißen Nagezähne haben sich über die Jahre in einem schmutzigen Braun miteinander arrangiert. Die Entwicklungspsychologen bezeichnen Schnuffel und die Seinen als „Übergangsobjekte": das Kind bindet sich, nachdem es sich von der Mutter mehr und mehr zu lösen beginnt, an ein Stofftier, das zu seinem ständigen Begleiter wird. Doch Schnuffel als bloßes „Übergangsobjekt" zu bezeichnen und einfach weiterzufahren, käme einer Majestätsbeleidigung gleich. Also kehren wir um. Auf der Rückfahrt denke ich an den Film „Cast away", der von Robert Zemeckis mit Tom Hanks in der Hauptrolle im Jahr 2000 realisiert wurde und unter dem Titel „Verschollen“ in den deutschen Kinos lief. Darin stürzt ein Frachtexperte mit seinem Flugzeug ab und kann sich als einziger Überlebender auf einer einsamen Insel retten. Eine Robinsonade – nur ohne Freitag, den vertraut gemachten Eingeborenen, der zum Gegenüber wird. Bis eines Tages unter den vielen Paketen, die von der abgestürzten Maschine ans Ufer der Insel gespült werden, eines ist, in dem sich ein Fußball der Firma Wilson befindet. Der einsame Inselbewohner malt wenig später mit seinem eigenen Blut diesem Fußball ein Gesicht, beginnt mit ihm zu reden und gibt ihm einen Namen: „Wilson“. Bis Wilson während eines Fluchtversuchs dieses modernen Robinsons von der Insel von ihm getrennt wird, wird er mit jedem Tag mehr sein Kumpan, sein Gegenüber, sein Gott. Ob Schnuffel oder Wilson: solange der Mensch lebt, sehnt er sich nach einem Begleiter, einem Gegenüber, einem Mitstreiter. Zurückgeworfen auf sich selbst geht der Mensch in seiner Einsamkeit und Angst zugrunde. In einem der neuen geistlichen Lieder heißt es: „Ich möchte, dass einer mit mir geht. Der's Leben kennt, der mich versteht. Der mich zu allen Zeiten kann begleiten …“ Das ist mehr als nur ein frommer Wunsch.

ZEITEN BETRACHTEN

ES CHA NIT SY!

Sie sind gemeinsam auf dem Weg. Nicht nach Emmaus, sondern auf der Straße nach Basel. Vater und Sohn. Abend zu werden droht es nicht, es ist längst schon tiefe Nacht. Johann Peter Hebel entwirft in seinen „Alemanischen Gedichten“ unter dem Titel „Die Vergänglichkeit“ ein Gespräch zwischen einem „Bub“ und seinem „Aetti“. Kein Geringerer als Arnold Stadler hat diese Sprachpartitur Hebels in eine schriftdeutsche Prosafassung übertragen und in der von ihm unter dem Titel „Tohuwabohu“ besorgten Anthologie zum 11. September 2001 mit einem kongenialen Essay versehen. Angesichts der Ruine des Schlosses von Rötteln fragt der Sohn seinen Vater, ob es auch ihrem Haus einmal so ergehen könne. Darauf der Vater: „Alles kommt und geht. So ist es. ... Irgendwann wirst auch du die Augen schließen. ... Und wenn dann einmal gar das Jahr 2000 zählt, ist alles zusammengefallen.“ Hebel lässt den Buben das Wort „z'semme g'keit“ benutzen, was einen ganz anderen Ton anschlägt. „Ein erdbebenartiges Wort.“, kommentiert Arnold Stadler, „Es friert mich bis in die Seele, spreche ich dieses Wort halblaut nach.“ Als der Vater seinem Sohn aber sagt, dass man auch über die große Stadt Basel irgendwann sagen würde, alles in ihr sei „z'semme g'keit“, poltert der Zweifel aus dem Jungen heraus: „Es cha nit sy! – Das kann nicht sein! Das darf nicht so kommen!“ In die 12 Kilometer Wegstrecke nach Emmaus wird sich manche Klage darüber, dass alles „z'semme g'keit“ sei, gemischt haben und manches ungläubige, protestierende „Es cha nit sy!“ Doch anders als in Hebels Gedicht „Die Vergänglichkeit“ ist hier ein Gesprächspartner mit auf dem Weg, der erklären kann, dass alles so kommen musste und seinen Sinn hat.

Wo jemand erkennt, warum alles „z'semme g'keit" ist, erlischt sein Herz nicht in aussichtsloser Depression. Im Gegenteil.

ERWACHSENE WEIHNACHTEN

Der Wintereinbruch bringt ein Chaos mit sich. Züge fallen aus, regionale Netze der Stromversorgung brechen zusammen, die Polizei verzeichnet vierstellige Unfallzahlen. Als Kind habe ich von jeder ersten fallenden Schneeflocke gehofft, dass sie liegen bleiben würde. Im Geiste sah ich mich schon Schneebälle formen, mit dem Schlitten den Hang hinunterfahren und weiße Weihnachten feiern. Heute sehe ich mit Sorgen hinaus, wenn es zu schneien beginnt und denke, dass ich morgen früh mit dem Wagen pünktlich zur Arbeit fahren muss. Und ich ärgere mich, wenn der Weg, den ich vor zwei Stunden vom Schnee geräumt habe, schon wieder eingeschneit ist. Was mich als Kind faszinierte, ist heute zum lästigen Hindernis geworden. Irgendwann zerbricht der Traum von weißer Weihnacht und aus dem von Wünschen, Bräuchen und Sagen umstellten Fest der Liebe werden rot auf dem Kalender markierte Feiertage, die es zu absolvieren gilt. Ich hätte es schon damals ahnen können, als die Sache mit der Weihnachtskugel geschah. Stundenlang konnte ich vor den roten Weihnachtskugeln des Christbaums stehen, die mit hauchdünnem Draht an den Ästen des Baumes befestigt waren und in denen sich das geschmückte Wohnzimmer spiegelte. Sie waren für mich der Inbegriff von Weihnachten: eine wunderbar gewölbte, in farbiges Licht getauchte Welt, in der Kummer und Harm still schwiegen. Bis jenes Weihnachten kam, an dem ein Knall durch die Wohnung hallte, als wäre irgendwo draußen vor der Zeit schon irgendein Sylvesterknaller gezündet worden. Dabei war nur eine der Christbaumkugeln heruntergefallen und lag in tausend Scherben. Kein Drama, und doch: für das Kind, das ich war, war Weihnachten geplatzt. Der Zauber hatte einen Riss bekommen. Der Weihnachtsschmuck hatte sich als das entpuppt, was er wirklich war: glänzende aber zerbrechliche Fassade. Der Advent ist jedes Jahr auch Einladung, das Geheimnis von Weihnachten hinter der Fassade zu entdecken, die mich als Kind faszinierte, und erwachsen mit diesem von Kindheitserinnerungen beladenen Fest umzugehen.

ERWARTUNGSHALTUNG

Sam verfolgt jede Bewegung meiner Hände. Er hat sich in der Nähe des Abendbrottisches aufgestellt und ist in alarmiert angespannter Haltung. Die Bewegung der Brauen über seinen bettelnden Hundeaugen skandiert das Lamento seiner bisher enttäuschten Erwartung. Wie ein Tormann während des Elfmeters ist er in Bereitschaft, den Bruchteil der Sekunde nicht zu verpassen, in dem ihm ein Bissen zufallen könnte. Ich nenne das „Erwartungshaltung“, auch wenn Eckhard Henscheid dieses Wort vor gut zehn Jahren in sein Wörterbuch „Dummdeutsch“ aufgenommen hat. Sams ganze Haltung ist Erwartung. Er hält seinen Hundekörper in der Erwartung dessen angespannt, was da auf ihn zukommen könnte. „Sobald der Geist auf ein Ziel gerichtet ist“, schrieb einmal Hans Carossa, „kommt ihm vieles entgegen; ferne Gedanken und Sachen entlaufen ihren Gefügen und eilen ihm zu.“ Eine nahezu magische Vorstellung: indem ich meine Erwartung auf etwas richte, es mit ganzem Herzen, ganzer Seele und aller Kraft herbeisehne, mache ich, dass es auf mich zukommt. Advent ist die Zeit, in Erwartungshaltung zu gehen, Ahnungslosigkeit gegen Bereitschaft und Schlaf gegen Wachsamkeit zu tauschen. „Einmal muss das Fest ja kommen!“, beginnt Ingeborg Bachmann das dritte Gedicht ihres Zyklus „Lieder von einer Insel“. Weihnachten kommt mit unerbittlicher Sicherheit, aber ob es ein Fest wird, von dessen Tafel mir ein Bissen zufällt, der meinen inneren wölfischen Hunger zu stillen vermag, steht noch dahin. Jedenfalls werde ich in den nächsten Wochen wieder meine Erwartungshaltung trainieren: aufrecht stehend, den Blick nach vorne gerichtet, bereit aufzubrechen und loszugehen. Er, den ich erwarte, hat gesagt, dass er in einer Stunde käme, in der ich es nicht erwarte.

OSTERDUFT

Der Frühling wartet auf mit neuen Düften. Wer jetzt an Eduard Mörikes Frühlingsgedicht denkt, in dem er von den „süßen, unbekannten Düften“ spricht, die in dieser Jahreszeit „ahnungsvoll“ das Land streifen, war noch nicht in Sachen Ostereinkauf unterwegs. Mit der Frühjahrsmode haben in den Schaufenstern auch die neuen Duftkollektionen Einzug gehalten. Einer der aktuellen Düfte dieses Frühjahrs macht mit einem Werbeplakat auf sich aufmerksam, das meinen kirchenjahreszeitlich beeinflussten Blick auf sich zieht. Da springt ein junger Mann direkt aus dem Stand nach oben. So, als zöge ihn eine Macht wie einen Fisch aus dem Wasser. In seiner halb gezogenen, halb aufspringenden Bewegung gleitet seine dunkle Anzugjacke, sein „Businessoutfit", von seinen Schultern. „Jump!" ist daneben zu lesen, „Spring!" Ich stehe vor dem Schaufenster, betrachte das Werbeplakat und denke mir, dass dem, der diesen Duft verwendet, die Erfahrung verheißen wird, aus der engen Larve des Alltags herausspringen zu können. Endlich frei zu sein und alle Zwänge hinter sich lassen zu können: davon träumten Menschen zu allen Zeiten und darauf werden sie bis ans Ende aller Zeiten hoffen. Und sei es nur, dass sie ihre Freiheitssehnsucht an so etwas Flüchtiges wie einen Duft hängen. Ich habe beschlossen, nicht in die Parfümerie hineinzugehen um herauszufinden, ob der neue Duft mir die Erfahrung schenkt, die er verspricht. Aber ich gehe weiter und frage mich, welcher Duft mich als Christen wohl seit Ostern umgibt. Und ob es überhaupt noch den süßen, unbekannten, ahnungsvollen Duft des unvergänglichen Lebens gibt, der durch meine Lebenslandschaft streift. Ostern jedenfalls fordert mich zum Sprung auf: aus aller Trägheit, aller Traurigkeit und Mutlosigkeit. Die, sagt man, stinkt nämlich irgendwann zum Himmel.

DAS KERNGESCHÄFT

Isidor Rattenhuber heißt der Pfarrer, um den die Handlung in Petra Morsbachs bemerkenswertem Roman „Gottesdiener" aus dem vergangenen Jahr kreist. Dieser nachdenkliche und von seiner Berufswahl existentiell angefragte Priester hat einen Mitbruder, der in einem Gespräch aus sich herausplatzt: „In der Kaplanszeit ist's noch interessant, aber dann stirbst du vor

Langeweile. Komm mir nicht mit dem Kirchenjahr! Dreimal ist's ergreifend, aber dann immer das gleiche verfluchte Kirchenjahr, Auferstehung und nochmals Auferstehung, das ist beklemmend!" Nach Aschenkreuz und Fastenzeit ist es mit dem Palmsonntag wieder soweit: alle Jahre wieder dieselben Riten und Geschichten. „Denn wiederum kommen die Tage", heißt es in einer Präfation, „die seinem heilbringenden Leiden und seiner glorreichen Auferstehung geweiht sind. Es kommt der Tag des Triumphes über den alten Feind, es naht das Fest der Erlösung." So what, würde jetzt einer meiner Freunde fragen, was soll's, was bringt's? Die Welt verändert sich nicht durch diesen alljährlichen „Mummenschanz", von dem Isidor Rattenhuber als dem „Kerngeschäft" spricht und zu dem er auch das Pathos seines „grotesken, einsamen Lebens" zählt. Die Feier des Leidens, Sterbens und der Auferstehung Jesu, die Mitte jeder Eucharistiefeier ist, wird in der Karwoche gleichsam zur „Chefsache". Die Alternative, die verflucht vertrauten liturgischen Bausteine der heiligen drei Tage Gründonnerstag, Karfreitag und Ostern in der Gemeinde vor Ort mitzufeiern oder doch für einen Kurzurlaub zu nutzen, drängt auf Entscheidung. Ich versuche, die in ihrer ewigen Wiederkehr beklemmenden Riten und Worte so wahrzunehmen, als begegneten sie mir zum ersten Mal. Vielleicht werde ich staunen, wie aktuell sie mir vorkommen, nachdem wieder ein Jahr vergangen ist.

HERBSTBLÄTTER

Christoph Meckel erzählt in seinem virtuosen Erinnerungsbuch „Suchbild. Über meinen Vater“ davon, dass sein mit Feingefühl ordnender, stapelnder, bündelnder, ablegender und aufbewahrender Vater die letzten Ahornblätter eines Jahres gesammelt und sie als Lesezeichen in den Büchern zurückgelassen habe, versehen mit Datum und Ortsangabe. Und während ich noch über solch eine eigenwillige Sammelleidenschaft staune, stelle ich mir die Herbstblätter vor, die ich bisher zusammengetragen hätte. Eins aus der Kinderzeit, als ich noch mit diebischer Freude beide Füße als Schaufeln benutzte, um die zusammengefegten Blätter bei jedem Schritt vor mir her zu werfen. Eins aus dem Jahr, in dem ich zum ersten Mal einen lieben Toten begraben musste. Eins aus dem Herbst, in dem ich zum Studium in eine fremde Stadt ging. Ein weiteres aus dem Jahr, in dem die Liebe deine Hand in meine fügte und wieder eines aus dem Herbst, in dem wir einander aus der Hand geben mussten. Ein Blatt aus jenem Jahr, in dem alles gelungen schien, neben einem Blatt aus der Zeit, als alles schief ging. Im Herbstlicht bekommen alle Dinge einen anderen Glanz. Sie färben sich zum Abschied ein, zur Ernte, schreiben Ertrag und Bilanz auf ihre Fahnen. Nach der Routine des Jahres und der Alltäglichkeit des Sommers schmeckt der Herbstspaziergang nach „Noch einmal“ und „Ein letztes Mal“. Und ich denke, dass es schon wieder Herbst geworden ist, dass schon wieder ein Jahr zu sterben beginnt. Dann beginne ich zu fragen, wie viele letzte Herbstblätter ich noch werde sammeln können und für welche Jahre sie stehen werden. Und nicht selten bleibe ich dann wie der Dichter Wilhelm Müller in seiner durch Franz Schuberts Vertonung berühmt gewordene „Winterreise" vor den Bäumen in Gedanken stehen, an denen noch ein einzelnes buntes Blatt zu sehen ist: „Schaue nach dem einen Blatte, hänge meine Hoffnung dran; spielt der Wind mit meinem Blatte, zittr' ich, was ich zittern kann."

NIX WIE WEG!

Der Familienrat tagt. Last Minute gilt es, noch ein Reiseziel festzulegen. Mutter plädiert für Baccardi-Feeling in der Dominikanischen Republik, die sie lakonisch „Dom-Rep" nennt. Vater will die Kirche eher im Dorf lassen und bietet was an der Nordsee oder in den Bergen zur Auswahl an. Fräulein Tochter verdreht bei solcher Auswahl nur die Augen und verweigert jede Zustimmung zu einem Ort, der nicht von morgens bis abends Sonne, Strand und nach Einbruch der Dunkelheit mehr bietet. Sohnemann nimmt für einen Augenblick den Kopfhörer seines MP3-Players aus dem rechten Ohr, um zu hören, in welche Zielrichtung sich die Gewichte neigen, und merkt dann an, ihm sei es völlig egal, wohin es gehe, er würde lieber mit seinem Kumpel wegfahren. Nach zähen Verhandlungen tritt man vor die Presse und verkündet: zwei Wochen in einem mediterranen Club. All-inclusive, versteht sich. Ich stehe in der Warteschlange und werde Zeuge, wie die Tourismusberaterin die Buchung vornimmt. „Jetzt müsste man in einer Kleinstadt sein/ Mit einem alten Marktplatz in der Mitte,/ Wo selbst das Echo nächtlich leiser Schritte/ Weithin streut jeder hohle Pflasterstein.", kommt mir eine Gedichtzeile Mascha Kalékos aus ihrem „lyrischen Stenogrammheft" in den Sinn. Und ich bin für einen Augenblick in die Sommerabende irgendeiner kleinen Stadt versetzt, wo mit dem Licht die Hitze des Tages abnimmt, und die so ruhig und angenehm verlassen ist, weil fast alle ihre Bewohner irgendwohin unterwegs sind. Und ich höre das Plätschern eines Marktplatzbrunnens und die leise herüberwehenden Gespräche von der nahen Gartenwirtschaft. „Hier haben alle Menschen immer Zeit,/ als machte das Jahrhundert eine Pause.", denke ich mit einer weiteren Zeile aus Kalékos Gedicht. „Wo soll's denn hingehen?", fragt mich die Tourismusberaterin. Und ich erröte etwas, entschuldige mich hastig und gehe ohne mich umzublicken davon. Und suche mir für dieses Jahr irgendein -hofen, -bergen oder -lingen, in das ich mich zurückziehe. Stille, ein paar Bücher und Zeit für Gespräche mit mir und mit dir inklusive.

DER TAG, DER DEN UNTERSCHIED BRINGT

Ich legte Stanley Adams Song „What a difference a day made" in der Interpretation von Jamie Cullum auf. Ein Tag wie dieser, dachte ich mir, verdiente einfach diesen Song. Es stimmt ja wirklich: ein Tag, die kleine Zeitspanne von vierundzwanzig Stunden kann alles verändern. Die Dauer eines Tages kann aus dem Traurigen einen machen, der Hoffnung schöpft. Und aus dem, der voller Kraft und Mut ist, kann der Ablauf eines Tages einen Schwachen und Niedergeschlagenen werden lassen. Binnen eines Tages kann sich Gesundheit in Krankheit, aber auch Unglück in Glück verwandeln. Schon Goethe wusste: „Ein Tag kann eine Perle sein – und ein Jahrhundert nichts." Innerhalb nur eines Tages kann sich die Sehnsucht eines Menschen und eines ganzen Volkes erfüllen. Und ebenso kann sich an einem Tag alles zerschlagen, woran ein Mensch gearbeitet und worauf er all sein Sinnen und Trachten gerichtet hat. Einer der Seelsorger, die im Zusammenhang der Anschläge des 11. September 2001 für die Angehörigen der Opfer und Feuerwehrleute tätig waren, fragte in einer Predigt: „Weißt Du, wie Du Gott zum Lachen bringen kannst? Erzähl ihm einfach, was Du morgen vorhast!" – Ein Frage-Antwort-Spiel, bei dem einem das Lachen im Halse stecken bleibt. Denn nichts stimmt ja mehr, als dass wir unser Morgen nicht in der Hand haben. Da wir immer eine Handbreit neben der Katastrophe leben, kann schon der morgige Tag Gefährdung und Untergang mit sich bringen. Ebenso aber kann er auch eine entscheidende Wende zum Guten und unser Lebensglück für uns bereithalten. Das Alte Testament kennt die Vorstellung vom jom hagadol, vom großen Tag Jahwes. Ein Tag des Gerichts, der die Routine des Menschen beendet und eine neue Zeit heraufführt. Das muss kein negativ besetzter Termin sein. Es ist der Tag, der sich von allen anderen Tagen unterscheidet. So gesehen kann der Sonnenaufgang jedes neuen Tages immer auch der Morgen des großen Tages Jahwes sein. Des Tages, der den entscheidenden Unterschied bringt. Was, sagten Sie, haben Sie morgen vor?

Zwischen Neujahr und Dreikönige wurde meine Großmutter zunehmend nervöser. Der Christbaum begann zu nadeln. Warum also länger mit dem Abbau jener unzuverlässig gewordenen Tanne warten, die sich für ein paar Tage fromm und christusheilig wähnen durfte? Die mit Zierschnee bestäubten Silberkugeln und die hochglanzpolierten silbernen Tannenzapfen wurden nach und nach abgenommen und behutsam in Seidenpapier eingewickelt, bis der Tannenbaum wie ein degradierter Leutnant dastand, von dessen einstiger Pracht nur noch ein, zwei renitente Lametta-Fäden sprachen. Den zerbrechlichen Christbaumschmuck aber lagerte Oma in wenig vertrauenerweckende Pappkartons ein. Kaum war der Deckel geschlossen, schrieb sie schwungvoll „Mit Gott ..." und das jeweilige Jahr darauf. Wie ein Zauberspruch war das. Als gelte es, bis zu dem Tag, wo sie den Christbaumschmuck wieder hervorholen würde, alles und jeden unter Gottes Segen sicher zu verpacken. Lese ich heute die Jahreszahlen auf den alten Kartons, werde ich nachdenklich. Kriegs- und Nachkriegsjahre darunter. Unruhige Jahre, die Not, Krankheiten und Abschiede heraufführten, von denen meine Großmutter in der Minute, als sie dem Deckel ihr schwungvolles „Mit Gott ..." verpasste, noch nichts ahnte. Jahre, die eher den Eindruck machten, als ob Gott offenbar Omas Handschrift nicht habe entziffern können. – Ein neues Jahr. Ich sitze an meinem Schreibtisch, den Bleistift gespitzt, den Kalender in der Hand. Ich setze an und möchte „Mit Gott ..." schreiben. Oben, über die große, rote Jahreszahl auf der ersten Seite. Die Bleistiftspitze bricht ab. Der Schriftzug misslingt. Mir fehlt Omas Schwung. Aber ich hoffe, dass Er es dennoch lesen kann.

MENSCHEN BETRACHTEN

Klotzen ist angesagt, nicht kleckern. „Da muss megamäßig was abgehen“, meint ein Jugendlicher, der mir erklären will, wann er eine Party, ein Event gut findet. Wahrgenommen wird, wer sich nicht versteckt. Der Bildhauer und Dichter Hans Arp sah das anders. Als 1943 seine Frau Sophie stirbt, schreibt er in einem Gedicht, das als Titel den Namen seiner Frau trägt: „Ich spreche kleine, alltägliche Sätze leise für mich hin. Um mir Mut zu machen, um mich zu verwirren, um das große Leid, die Hilflosigkeit, in der wir leben, zu vergessen, spreche ich kleine, einfältige Sätze.“ Wer jemals tiefes Leid bewältigen musste, weiß um die grenzenlose Bedeutungslosigkeit, die der Aufgeblasenheit der Gernegroße dieser Welt zukommt. Es sind die kleinen, kaum wahrnehmbaren Dinge, die im Blick auf das Gute wie im Blick auf die Katastrophe von Bedeutung sind. Adalbert Stifter hat in seiner Vorrede zu der Erzählsammlung „Bunter Steine“ von dem „sanften Gesetz“ gesprochen, wodurch das menschliche Geschlecht geleitet werde. Groß ist für ihn nicht das, was groß daherkommt und viel Aufhebens um sich macht, sondern das, was in Einfachheit, Selbstbezwingung, Gerechtigkeit und heiterer Gelassenheit sein Leben in seinem Kreis zu gestalten versucht. „Ich spreche kleine, einfältige Sätze leise für mich hin.“, fährt Hans Arp fort, „Ich spreche wie die geringsten Glocken, die sich wiederholen und wiederholen.“ Auch ich spreche die kleinen, einfältigen Sätze der Bergpredigt, die ihr „Selig“ wie Glocken wiederholen, vor mich hin. Ihr Nachklang lässt mich schon auf Erden den provozierenden Jubel erahnen, der im Himmel noch größer sein soll.

SELBSTGESPRÄCHE AN GRÄBERN

In dem ebenso stillen wie schönen Film „Broken Flowers“, der vor einigen Wochen auch in den deutschen Kinos angelaufen ist, schickt Regisseur Jim Jarmusch den einstigen Frauenhelden und Lebemann Don Johnston, dargestellt von Bill Murray, auf eine eigentümliche Reise. Angeregt durch einen anonymen Brief macht sich Johnston auf, seine Liebschaften von vor zwanzig Jahren ausfindig zu machen, weil er angeblich mit einer von ihnen einen gemeinsamen Sohn haben soll. Eine episodische Odyssee mit flüchtigen Begegnungen beginnt. Eine seiner früheren Geliebten kann er dabei nur noch auf dem Friedhof besuchen. Wie Johnston mit einem „Hallo, meine Schöne“ einen Blumenstrauß am Grab niederlegt und sich dann am Fuß des in der Nähe stehenden Baumes niedersetzt, ist die am meisten anrührende Szene des ganzen Films: der am Rand des Lebens Gestrandete tritt in ein stummes Zwiegespräch mit der Toten. Peter Härtling schreibt in seinem neuen Buch „Die Lebenslinie. Eine Erfahrung“, in dem er, wie vor einigen Jahren schon in „Herzwand“, eine gesundheitliche Grenzerfahrung literarisch verarbeitet: „Jemand, der zu Selbstgesprächen neigt wie ich, braucht, um das Gespräch zu lernen, Gräber. Am Grab meiner Mutter, auf dem alten Friedhof in Nürtingen, habe ich auf meine wütenden, widerborstigen Bubenmonologe Antworten gefunden.“ Häufiger als sonst im Jahr finde ich im November den Weg zu den Gräbern der Menschen, mit denen ich eine Zeit lang gemeinsam auf dem Weg war. Dann stehe ich dort und denke „Weißt Du noch?“ Und ich sage das eigentlich viel eher zu mir und gehe mit einer Antwort weg, die ich mir selber gebe. Don Johnston gibt sich in dem Film „Broken Flowers“ folgende

Antwort: „Die Vergangenheit ist vorbei, die Zukunft ist noch nicht hier. Daher, denke ich, gibt es nur das Jetzt.“ Keine Erkenntnis, die nicht auch schon ein barocker Dichter wie Andreas Gryphius formuliert hätte, aber trotzdem ein Lebensprogramm, das nur entdecken kann, wer vor den begrabenen Hoffnungen seines Lebens mit sich selber ins Gespräch gekommen ist.

ALTER ERZENGEL, WAS NUN?

Seit ungefähr einer Woche haben die Verkaufsbuden des Weihnachtsmarktes begonnen, um den Dom herum Aufstellung zu nehmen. Eine hölzerne, bunt behängte, singende und klingende Phalanx des Schreckens. Alle Jahre wieder: Rostbratwürste und Christbaumschmuck, gebratene Champignons und Duftkerzen, Glühwein und Angoraunterwäsche. Ich lasse mich im Strom der Besuchermassen dahintreiben, werde unversehens in irgendeine Marktgasse gespült. Da steht er: der schwarze Lodenmantel ausgebleicht und abgeschabt, das gelblichgraue Haar bis auf die Schultern fallend, die Wangen stachelbewährt, die Augen grau und leer. Mit dem Beginn des Gedichts „Alzheimer Engel“ von Durs Grünbein möchte ich mich an mein Gegenüber wenden: „Alter Erzengel, was nun? Müde geworden?“ Irgendeiner scheint ihn hier abgestellt und vergessen zu haben, diesen alten Mann, diesen Nichtsesshaften, der mich an einen ausgedienten Erzengel erinnert. Der unbarmherzige Trubel des Marktes hat ihn an den Rand gespült; da steht er nun: ausgemustert, unbrauchbar. „Arbeitslos stehst du, taub im Getöse/ Des Zeitvertreibs vor dem Jüngsten Gericht“, heißt es am Ende des Gedichts von Durs Grünbein. Und ich frage mich, ob dieser ganze Weihnachtsmarktrummel nicht auch ein Zeitvertreib vor dem Jüngsten Gericht ist, ein Getöse, das uns taub gemacht hat für das Eigentliche. „Kranker Engel“, heißt es bei Durs Grünbein, „du weißt, was geschieht/ Ist Geschichte, – danach.“ Der Augenblick senkt sich zur Unwichtigkeit ab, der Trubel gerät zu einer Sammlung banaler Momentaufnahmen. Ob der einzige Ausweg aus dieser marktbeherrschenden Banalität nur noch das Vergessen sein kann? Wie anders lautet das, was die zentrale Botschaft des „Advent“ ist: Wachsam sein, das Ohr öffnen, sich bereit machen zu Aufbruch und Reise, inne werden und den Weg bahnen. Der Alte blickt mit seinen müden Augen durch mich hindurch und ich denke: Alter Erzengel, lass mich nicht taub im Getöse des Zeitvertreibs vor dem Fest des ersten Kommens des Erlösers stehen, der alle Nacht der Oberflächlichkeit vertrieben hat.

SPEKULATIUS

Am ersten Weihnachtstag rief er an. Seine Stimme im Telefonhörer so laut, dass es einer Freisprechanlage – die es damals noch gar nicht gab – nicht bedurfte: „Das Christkind war bei mir und hat etwas gebracht. Wann kommt ihr?“ Am zweiten Weihnachtstag, spätestens am Sonntag darauf, besuchten wir ihn dann: Onkel Willy. Alleinstehend. Weit über achtzig. Finger und Körper gichtgekrümmt. Nach dem ersten nicht enden wollenden Gespräch der Erwachsenen, humpelte er dann in sein Schlafzimmer und kam mit einem prallgefüllten Teller zurück: Apfel, Nuss und Mandelkern. Hier etwas Schokolade und dort eine Apfelsine, die den begehrten Umschlag mit dem Weihnachtsgeld tief in die Mulde des Gabentellers drückte. Das Schönste aber war der auf diesem Teller verteilte unverpackte Spekulatius. Seit mindestens zwei Wochen auf den bereitstehenden Tellern verteilt, war er so weich geworden, dass er bei der geringsten Berührung nachgiebig wurde. Trotzdem war das in Onkel Willys Schlafzimmerluft in vorweihnachtlicher Erwartung erweichte Gebäck die Köstlichkeit, auf die wir es Jahr für Jahr abgesehen hatten. Sie kam so sicher wie das Manna in der Wüste. Es gab diesen luftgeweichten Spekulatius selbst dann noch, als wir Jugendlichen das familiäre Weihnachtsspektakel nur noch abartig fanden. Während er uns immer noch weismachen wollte, dass das Christkind bei ihm gewesen sei, fischten wir „Halbstarken" in einem unbewachten Augenblick Onkels Spekulatius von unseren Tellern. Ich habe noch heute an Weihnachten den Geschmack im Mund. Auch wenn Onkel Willys Schlafzimmer längst sein Sterbebett beherbergt hat und ich auf jener nicht enden wollenden Flucht nach Ägypten bin, auf der sich wohl alle Erwachsenen befinden, die begriffen haben, dass das Weihnachten ihrer Kindheit nicht mehr zurückzuholen ist.

SEI WILD!

Den ganzen Samstagnachmittag buken wir. Ein Ungetüm aus 9 Eiern und 450 Gramm Butter und 250 Gramm Schokolade lag zu guter Letzt vor uns. „Der wildeste Kuchen der Welt", betonte der siebenjährige Tom immer wieder, während seine zwei Jahre ältere Schwester Clara fragte, ob Vanessa wohl wirklich einen so süßen Kuchen essen würde. Ja, das Fieber hat auch uns erreicht: seit der dritte Teil der Filmreihe „Die wilden Kerle" im Kino angelaufen ist, zieht Tom sein Wilde-Kerle-Kapuzenshirt nicht mehr aus und Clara läuft mit dem Original-Kopftuch von Vanessa herum, Leons Freundin und einzige Frau in der Gang der „Wilden Kerle". Für Nichteingeweihte hier eine kurze Nachhilfe: die „Wilden Kerle" stellen eine Mischung aus „Die kleinen Strolche" und einer Jugendkickermannschaft dar. Immer sind sie im Kampf mit irgendeiner anderen Gruppe – im jüngsten Kinofilm mit den „Biestigen Biestern" – mit denen sie sich in einem finalen Fußballmatch messen. Und das war's eigentlich auch schon; von kleineren Beziehungsgeschichten am Rande mal abgesehen. Tom und Clara sehen das natürlich ganz anders. Für sie sind Leon, Markus, Nerv, Fabi, Vanessa und wie sie alle heißen die Kultfiguren schlechthin. Jeder Fan-Artikel muss erworben werden, jedes Plakat aufgehängt und die DVD sowie das Hörspiel müssen mindestens einmal pro Tag angeschaut bzw. gehört werden. Und jetzt sogar der „Wilde-Kerle-Kuchen", unverwechselbar gemacht durch die aus dem Internet auszudruckende Schablone, die im Handumdrehen den einfachsten Schokoladenkuchen „gefährlich und wild" macht. Und damit sind die beiden entscheidenden Stichworte gefallen, die Tom wie ein Mantra Tag für Tag und Stunde für Stunde vor sich her sagt: „Alles ist gut, solange Du wild bist! Gefährlich und wild!" Das ist so etwas wie der Schlachtruf der „Wilden Kerle". Andere würden vielleicht sagen, dass dies die „Kurzformel des Glaubens" ist, für den die wilden Kerle stehen: Alles ist gut, solange du wild bist! Für Tom ist das wie ein Kehrvers, der ihm Mut macht; die „Wilden Kerle" sind längst zu seiner Religion geworden. Ich komme mir hingegen ein wenig schäbig vor, frage mich, ob ich überhaupt noch das Zeug zu einem „Wilden Kerl" hätte und nicht längst verlernt habe, was es bedeutet, wild und gefährlich zu sein. Und ich stelle mir vor, dass auch Jesus, wäre er heute als Kind zur Welt gekommen, vielleicht ein Wilde-Kerle-Fan geworden wäre. „Sei wild!", würde er dann mit energisch gepresster Stimme sagen, wie Tom es immer wieder tut, „Gefährlich und wild!" Ich gebe zu, der Jesus der Evangelien hätte das Zeug dazu. Und heißt Nachfolge Christi deshalb nicht auch, hin und wieder jenseits bürgerlicher Religion „wild" und manchmal sogar „gefährlich" zu sein?

EINE BIBLIOTHEK VON DICHTUNGEN

Er sah aus wie ein Jäger aus einem Heimatfilm der Fünfziger Jahre: den grünen Filzhut leicht schräg auf den Kopf gesetzt, dunkelbraune Lederjoppe, Kniebundhosen mit dunkelgrünen Strickstrümpfen. Neben festem Schuhwerk gehörte zu seinem Outfit ein Fernglas, ein Spazierstock, an sonnigen Tagen eine Kamera um den Hals. Ich habe ihn nie anders gesehen, obwohl er weder Jäger noch Förster war. Er arbeitete in irgendeinem mittelständischen Betrieb oder irgendwo in einem Büro. Er war ein Einzelgänger, der außer seiner alten Mutter niemanden mehr zu haben schien. Als man ihn begrub, sagten manche, er sei ein feiner Kerl gewesen, ein wenig sonderbar vielleicht und anachronistisch, aber nie unzufrieden und immer guter Dinge. Der österreichische Autor Adalbert Stifter schreibt in seinen „Feldblumen": „In dem reichsten wie ärmsten Menschen geht eine Bibliothek von Dichtungen zu Grabe, die nie erschienen sind." Und ich stelle mir vor, welche Dichtungen von Waldromantik, Heimatverliebtheit und Jagdherrlichkeit vielleicht in jenem stillen Mann zu Grabe getragen worden sind, in denen er gelebt und geträumt hat und die er möglicherweise mit niemandem zu teilen vermochte. Und auch wenn Stifter an anderer Stelle meint, dass das Gesicht des Menschen „das Titelblatt seiner Seele“ sei, so schauen wir den Menschen doch immer nur vor den Kopf und können von dem, was sie zutiefst erfüllt und woraus sie leben, nur etwas erahnen. Ein berühmter Literat soll, nach dem Titel seiner möglichen Autobiographie gefragt, geantwortet haben: „All das Ungelesene“. Meinte dieser zwar all die nicht gelesenen Bücher, für die sein Leben nicht ausgereicht hat, so gilt doch für jeden Menschen, dass mit ihm niemals erschienene und niemals gelesene Dichtungen zugrunde gehen. Wir alle sind am Ende ungelesene Bibliotheken, nie erschienene Manuskripte, verschollene Fragmente. Wie sehr würde ich dem stillen Jäger, der keiner war, und auch mir wünschen, dass kein Buchstabe dieser inneren Dichtungen verloren gehen, kein Jota daran verändert würde.

OFFENE AUGEN

„Wenn du zur Arbeit gehst/ am frühen Morgen,/ wenn du am Bahnhof stehst/ mit deinen Sorgen:/ da zeigt die Stadt/ dir asphaltglatt/ im Menschentrichter/ Millionen Gesichter.“ Mit dieser Alltagsszene beginnt Kurt Tucholsky sein Gedicht „Augen der Großstadt“. Und angeregt durch den alle drei Strophen beendenden Satz „Zwei fremde Augen, ein kurzer Blick, die Braue, Pupillen, die Lider ...“ versuche ich, die Augenpaare zu erinnern, die mir allein heute morgen auf dem Weg zu meiner

Arbeit begegnet sind: Einige schlagen die Augen nieder, andere werfen einen kurzen Blick zurück, um dann in eine andere Richtung zu schauen, wieder andere blicken mich an und ringen sich sogar zu einem Lächeln durch. Es gibt Tage, da gehe ich wie blind durch die Straßen, zentimeterdick die Augen mit dem alltäglichen Teig der inneren Sorgenszenarien und Gedankenbilder zugekleistert. Tunnelblick, als gäbe es von Geburt an nur den Hungerturm meiner eigenen Existenz und keinen Blick nach draußen. In der Osternacht werden mir das Licht der Osterkerze und das Wasser der Taufe angeboten. Zeichen, die mich daran erinnern sollen, dass ich zum Sehen geboren bin und meine Augen öffnen kann für die Menschen, die mir auf meinem Weg begegnen. Zwei fremde Augen, die mir einen kurzen Blick zuwerfen. „Was war das?", fragt Tucholsky in seinem Gedicht. „Vielleicht dein Lebensglück ..." Auf jeden Fall aber eine unwiederbringliche Begegnung, buchstäblich ein „Augenblick" meines Lebens. „Von der großen Menschheit ein Stück", sagt Tucholsky in seinem Großstadtgedicht. Ich gehe durch meine Stadt, durch meinen Alltag und riskiere einen Blick. Der andere schaut zurück, unsere Blicke treffen sich. Ich hoffe, er sieht auch mit dem Herzen gut.

UNSICHTBARER BESUCH AM HEILIGEN ABEND

In den Straßen wurde es langsam ruhiger. Nach und nach schlossen die letzten Geschäfte und spieen vereinzelte Menschen mit kleinen Einkaufstüten aus, die sich mit geschäftigen Schritten davonmachten. In die blaue Dämmerung des Heiligen Abends, der jetzt begann, leuchteten gelb die Fenster der

Wohnzimmer, in denen in wenigen Stunden die Familien ihre Bescherung feiern würden. Ich steckte die Hände tiefer in die Taschen meines Mantels und steuerte den Heimweg an. Mich fror. Ich würde an diesem Heiligen Abend wieder allein sein. Würde, wenn die andern feiern, mein Dinner for one verzehren, dann mit einem Buch oder dem Fernsehprogramm etwas Weihnachtsstimmung herstellen und vielleicht noch zur Christmette gehen. Einsamer nie als am Weihnachtsabend, wandelte ich mir einen Gedichtvers von Gottfried Benn ab. Im Briefkasten dann ein hellgelber Brief. Auf dem Umschlag die seit Schülertagen vertraute Schrift eines bekannten Priesters. Am späteren Abend öffnete ich den Brief und las: „Ich denke täglich an Sie, weil ich es mir zur Angewohnheit gemacht habe, nach der Kommunion in der Eucharistiefeier alle um mich zu versammeln, mit denen ich mich verbunden weiß, Lebende und Verstorbene; ich denke ihre Namen und vergegenwärtige mir ihre Gesichter." Da saß ich nun. Die Kerzen am Weihnachtsbaum brannten, der Rotwein im Glas leuchtete warm, die Musik zur Bescherungszeit wogte durch den Raum. Und ich begann alle um mich zu versammeln: die Freunde und Kollegen, die Schüler und Studenten, die langjährigen Weggefährten und die, zu denen jeder Kontakt abgebrochen ist. Ich dachte die Namen der Lebenden und Verstorbenen und vergegenwärtigte mir ihre Gesichter. Und ich spürte, wie die Wärme um mich herum wuchs, wie diese nur für mich sichtbare Gemeinschaft mich umstand und in das Dunkel meines Heiligen Abends leuchtete. Und ich ahnte etwas von der Botschaft dieser Heiligen Nacht. Davon, dass wir nie ganz allein sind, sondern getragen von jener realen aber unsichtbaren Gegenwart der Menschen- und Gottesliebe, die uns allezeit umgibt.

„Nur wo der Vater Reibung ermöglicht, aber auch als Identifikationsfigur zur Verfügung steht, kann das Ich geboren werden." Ausgehend von diesem Grundsatz hat der Theologe und Psychotherapeut Thomas Polednitschek vor einiger Zeit in einer Publikation darauf hingewiesen, dass die Kinder der zweiten Moderne deshalb so chancenlos sind, weil die eher abwesende und schwache Vätergeneration der ausgehenden 60er und beginnenden 70er Jahre die Ausbildung und Stabilisierung des Ich von vorneherein verhinderte. Der bereits von Mitscherlich beargwöhnte „Weg zur vaterlosen Gesellschaft" sei, so Polednitschek, längst in dieser angekommen. Ganz anders erlebte dies offenbar noch Peter Stephan Jungk, der in seinem jüngst erschienen Buch „Die Reise über den Hudson" seinen autobiographisch gefärbten Protagonisten Gustav Rubin eine innere Auseinandersetzung mit seinem vor elf Monaten verstorbenen Vater führen lässt. Dieser Vater, Ludwig Rubin, wird als ein weltweit gefragter Naturwissenschaftler gezeichnet, als ein Monstrum an Vitalität, das letztendlich durch einen Schlaganfall in einem einjährigen Siechtum Stück für Stück gezähmt und zermürbt wird. Gustav reibt sich an seines Vaters Lebenshaltung ebenso, wie er sich an ihr aufrichtet; jene Lebenshaltung, die sagt: „Der Weg kann noch so hindernisreich sein, Zuversicht! Es wird alles gut enden. Und wenn nicht gut, so mit Sicherheit richtig. Vertraue deinem Lebensornament: Alles kommt so, wie es kommen muss. Fühle dich geborgen im Herzen des Wirklichkeitsablauf." Der Vater lehrt den Sohn, dass man sich dem Schicksal furchtlos ausliefern müsse und dass man nie aufgeben dürfe. „Ich blicke nach vorne, immer vorwärts, nur vorwärts, ich denke an den Augenblick und ich denke an die Zukunft, nicht an Geschehenes, nicht an das Gestrige.", sagt der Vater seinem Sohn Gustav. Nach Thomas Polednitschek bilden Kinder, denen ein solcher Vater fehlt, Leidenschaftslosigkeit und Gottesmüdigkeit aus. Vielleicht wird es Zeit, den Vater (auch in Gott) wieder zu entdecken. Den Vater, der mich „Ich" werden und sagen lässt, indem ich mich an seinem Lebenskonzept reibe, es hinterfrage, ja ihm sogar widerspreche.

DER FRISÖR, DEN ICH LIEBTE

Als ich ein Kind war, hieß der Frisör noch Frisör, an einen Coiffeur dachte in unserem Ort niemand. Man ging zum Haareschneiden, nicht zum Hairstylisten. Drei-, viermal im Jahr suchte ich mit meinem Vater den kleinen Herrensalon auf, in dem zuerst er und danach ich Haare ließen. Und damit dieser Gang auch wirklich „lohnte", artete das Ganze jedes Mal zu einem Kahlschlag aus. „Warste beim Glatzenschneider?", fragten am nächsten Tag die Mitschüler spöttisch, froh, dass über ihren letzten Gang zum Haareschneiden inzwischen nicht nur Gras gewachsen war. Mein „Glatzenschneider" jedenfalls hieß Herr Bähr. Er sah ein wenig aus wie Peter Frankenfeld, trug einen violetten Arbeitskittel mit schwarzem Stehkragen, hatte ein Rasiermesser, zwei Scheren und einen Metallkamm in der Brusttasche seines Kittels, die an dieser Stelle schon ziemlich abgewetzt war, und einen großen schwarzen Pinsel in der Seitentasche, vor dem ich schon prophylaktisch zusammenzuckte, weil er damit die Haare aus meinem Nacken bürsten und mich dabei äußerst unangenehm pieken würde. Doch der

Gang zum „Glatzenschneider" hatte auch angenehme Seiten: er war der Ausflug in die Männerwelt. Da standen Haar- und Duftwässerchen in silbernen, bauchigen Flakons, da wurde Rasierschaum angeschlagen und mit angewinkeltem Rasiermesser Präzisionsarbeit geleistet, nachdem zuvor das Messer an einem langen Lederriemen auf- und abgestrichen wurde. Alles das Rituale, auf die ich wartete, die zu sehen ich verfolgte wie am Sonntag den Gottesdienst. Und ich beobachtete Herrn Bähr dabei, wie er mit Kamm und klappernder Schere meinem Vater die Haare schnitt, dabei immer wieder innehielt und über Gott und die Welt redete, weiter schnitt, wieder innehielt und redete, wieder weiter schnitt. In meiner kindlichen Zeitwahrnehmung dauerte es eine Ewigkeit, bis Herr Bähr zurande kam. Und doch hatte diese Art des durch vielerlei größere Statements und kleinere Reden unterbrochenen Frisörhandwerks etwas Beschauliches. Das war noch kein „Cut and go", kein Haareschneiden, aufstehen und nächster Kunde. Ob es nur an meinem kindlichen Blick gelegen haben mag, dass mir diese Form des Umgangs miteinander kultivierter und menschlicher erschien als das heute oft so gekünstelt freundliche und hinter dieser Fassade doch so unverbindliche Geschäftsgebaren so mancher „Dienstleister"? Manche sagen, es war früher eine „liebere" Zeit. Vielleicht war sie das wirklich.

BLUTSVERWANDT

„Blut ist dicker als Wasser", hieß es in meiner Verwandtschaft. Damit war klar, wer in Auseinandersetzungen und Krisen zu wem zu halten hatte. Wenn alle Stricke rissen, wusste man, dass auf die Bande des eigenen Blutes mehr zu setzen war als auf die wetterwendischen Fäden von Liebe und Freundschaft. Trotzdem faszinierte uns die Blutsbruderschaft, die Winnetou und Old Shatterhand miteinander schlossen. Und wie die Musik zu den immer und immer wieder geschauten Filmbildern brannte sich uns jene Szene ein, in der die beiden Männer ihren Unterarm zusammenlegten, damit das Blut des einen in den Adern des anderen floss. Im Schulhof und auf dem Spielplatz ahmten wir das Ritual nach. Am liebsten unblutig, versteht sich. Manche schreckten aber auch vor einem Nadelstich in die Fingerkuppe nicht zurück. Blut war eben dicker als Wasser. Und die Faszination, auf diese Weise miteinander verwandt zu werden, war groß. In Friedrich Schillers Dramenerstling „Die Räuber", der bei seiner Uraufführung 1782 im Mannheimer Nationaltheater die damalige Welt auf den Kopf stellte und Schiller erst einmal Verfolgung und Gefängnis einbrachte, spricht Franz Moor die viel zitierten Worte: „Nicht Fleisch und Blut, das Herz macht uns zu Vätern und Söhnen." Und es scheint, als habe der auf seinen älteren Bruder neidische und seinen Vater zornige Franz den drei Jahre zuvor entstandenen „Nathan" Lessings gelesen, in dem es heiß: „Das Blut allein macht lange noch den Vater nicht." Die mahnende Rede Jesu, niemand auf Erden Vater zu nennen außer den im Himmel, und sein Wort, dass der Vater in ihm und er im Vater ist, hält die provozierende Vorstellung wach, dass es eine Verwandtschaft gibt, die über das eigene Fleisch und Blut hinausgeht. Der eine himmlische Vater lässt uns untereinander zu Geschwistern werden. Auch hier gilt Jesu Anspruch: Seht, ich mache alles neu.

SICH SELBST BETRACHTEN

WENN DER EHRLICHE ZUM LÜGNER WIRD

Verändert der Mensch die Umstände? Oder wird er durch die Umstände verändert? Im Roman „Verschwörung gegen Amerika" des renommierten, lange schon nobelpreisverdächtigen amerikanischen Autors Philip Roth wird diese Alternative anhand der jüdischen Familie Roth durchbuchstabiert. Dazu konstruiert Philip Roth eine ebenso komplizierte wie geniale Romanwelt: er schlüpft in die Rolle des Siebenjährigen, der er einmal war, und erzählt aus dessen Perspektive, was alles hätte geschehen können, wenn bei den Präsidentschaftswahlen 1940 der berühmte Ozeanflieger Charles Lindbergh einen haushohen Sieg errungen hätte, wenn dieser ein Antisemit gewesen wäre und mit Hitler paktiert hätte. Mit äußerstem psychologischem Feingefühl zeichnet Roth die Risse nach, die sich alsbald in seiner Familie abzeichnen und zu unüberwindlichen Gräben werden. Die veränderten äußeren Umstände verwandeln als ersten Philips Bruder Sandy. „Einen ehrlicheren Menschen als meinen Bruder gab es nicht.", hält der siebenjährige Erzähler fest. Und ausgerechnet diese ehrliche Haut wird durch die neue politische Konstellation zum Lügner. Denn da Sandy für sein Leben gern zeichnet, hat er schon vor der Präsidentschaftswahl drei Porträts Lindberghs gemalt, die diesen als männlichen Helden und mutigen Abenteurer zeigen. Nach der Wahl verbietet Sandy seinem jüngeren Bruder Philip, jemandem von den Porträts zu erzählen. Auch den Eltern nicht, denn denen habe er aufgrund ihres Ärgers über Lindberghs Wahl und aufgrund ihrer Angst vor den Konsequenzen für die amerikanischen Juden gesagt, er hätte die Bilder zerrissen. „Jetzt hatte etwas von außerhalb den Sinn dieser Zeichnungen verändert, sie zu etwas gemacht, was sie gar nicht waren“, fasst der Siebenjährige zusammen. Und das, so sagt er weiter, „hatte auch meinen Bruder zu etwas gemacht, was er gar nicht war.“ Gewandelte Strukturen verändern ganz subtil die Menschen, die sich in ihnen befinden. Vielleicht ist es gerade deshalb so wichtig, Mitmenschen, Schwestern und Brüder zu haben, die mich darauf hinweisen, dass „etwas von außerhalb“ mich verändert und mich zu etwas zu machen droht, das ich gar nicht bin.

DER VERLUST DER WORTE

„Ich war nicht immer stumm, ich konnte reden und reden und reden, ich konnte nicht den Mund halten, das Schweigen überkam mich wie Krebs, es passierte bei einer meiner ersten Mahlzeiten in Amerika, ich wollte dem Kellner sagen: ‚Die Art, wie sie mir das Messer gereicht haben, erinnert mich an …’, aber ich konnte den Satz nicht beenden …“ In Jonathan Safran Foers viel diskutiertem Roman „Extrem laut und unglaublich nah“, in dem der 9jährige Oskar Schnell nach den Ereignissen des 11. September durch New York irrt, um völlig verstört über den Tod seines Vaters Puzzlestücke der Wahrnehmung und der Erinnerung zu einem schlüssigen Gesamtbild zusammenzufügen, beginnen so die Erzählungen seines aus dem bombardierten Dresden geflohenen Großvaters. In New York angekommen, kommen diesem mehr und mehr die Worte abhanden. „Als Nächstes ging mir das Wort ‚und’ verloren“, schreibt er, „was für ein einfaches Wort, so leicht auszusprechen, was für ein schwerwiegender Verlust, ich musste ‚plus’ sagen, das klang absurd, aber es war nicht zu ändern.“ Irgendwann gehen ihm auch „Ja“ und „Nein“ verloren und er lässt sich das eine Wort auf die linke und das andere auf die rechte Hand tätowieren. „Was soll ich sagen“, schreibt er, „das Leben wurde dadurch zwar nicht schöner, aber immerhin lebbarer, wenn ich mir mitten im Winter die Hände reibe, wärmt mich die Reibung von JA und NEIN.“ Was der eigenwillige und kunstvolle Roman des noch nicht einmal dreißigjährigen amerikanischen Autors Jonathan S. Foer mit der Stimme des Großvaters jenes Oskar Schnell thematisiert, ist eine der zentralen Erfahrungen, die Menschen nach einer für sie katastrophalen Erfahrung machen: es verschlägt ihnen buchstäblich die Sprache. Die früher so leicht über die Lippen gegangenen Worte wollen nicht mehr so einfach hervorkommen. Selbst ein Allerweltswort wie „und“ wird unaussprechlich für den, der erfahren hat, wie schnell die Verbindung, die dieses Wort ausdrückt, zerschlagen werden kann. Es kann sein, dass auch uns wortfixierten Christen nach den Erfahrungen der Moderne noch manches für uns so einfache und flüssig von den Lippen gehende Wort verloren gegangen ist und noch verloren gehen wird. Schwerwiegende Verluste ohne Zweifel, aber letztendlich doch auch solche, die zu einer geläuterten Form der Äußerung führen. Das letzte Wort, das der Großvater übrigens in Foers Roman verliert, ist das Wort „Ich“. Bezeichnenderweise begegnet ihm kurz danach in der Fremde der neuen Umgebung die Lebensgefährtin, die er späterhin heiraten wird. Wo eine Tür sich schließt, öffnet sich nicht selten eine andere.

SÄMANNSGARN

Stolz und Selbstbewusstsein sprossen ihm aus allen Knopflöchern. Was ihm nicht alles gelungen sei und wo er überall frisch gewagt und haushoch gewonnen habe. Das Geburtstagsfest eines gemeinsamen Freundes hatte uns unversehens an einen Tisch gebracht. Und als ich ihn irgendwann fragte, was er beruflich mache, fiel für ihn das Stichwort. Ich wartete nur noch darauf, dass er, wie vor einigen Jahren der Mann in der Werbung eines Kreditinstituts, wie beim Kartenspiel Fotos mit den Worten auf den Tisch knallen würde: „Meine Villa, meine Yacht, mein Reitpferd ..." Ihm sei, meinte er mit überlegenem Lächeln, noch kein Samenkorn unter die Dornen gefallen, er ernte selbst dort, wo er nicht gesät habe. Angesichts so viel „Sämannsgarns" kam ich mir schäbig vor, weil ich an all das dachte, was ich angefangen und nicht zu Ende gebracht hatte. Wie viel war in meinem Leben kometenhaft aufgestiegen und ebenso schnell wieder in sich zusammengefallen. Statt Prachtbauten erkenne ich an meinem Lebensweg eher jede Menge Ruinen und verlassene Baustellen. Der allzu früh verstorbene evangelische Theologe Henning Luther hat in einem seiner pastoraltheologischen Beiträge geschrieben: „Wir sind immer zugleich auch gleichsam Ruinen unserer Vergangenheit, Fragmente zerbrochener Hoffnungen, verronnener Lebenswünsche, verworfener Möglichkeiten, vertaner und verspielter Chancen." Dieses Wort tröstet mich, weil es mich vor der irrigen Meinung bewahrt, dass jede ausgestreute Saat in meinem Leben hundertfache, sechzigfache oder auch nur dreißigfache Frucht bringen muss, dass ich erfolgreich sein und Ernte vorweisen soll. Neben meinem Versagen und meiner Unfähigkeit wird es immer auch die

Möglichkeiten, die einfach so verflossen sind, geben, gibt es die Verluste, die mir einfach widerfahren sind, die ich erleiden musste. Welch eine Zusage: Ich darf Fragment sein.

DAS DOUBLE

Muss das sein? Schrill zwingt mich der Wecker zum Aufstehen, obwohl draußen noch alles dunkel und still ist. Morgenstund mag noch so viel Gold im Mund haben, was ich jetzt spüre, ist eher Blei in jedem Winkel meines Körpers. An einem solchen Morgen wünschte ich mir, ich könnte einfach die Decke über den Kopf ziehen, mich umdrehen, weiterschlafen und ein Double losschicken, das alles zu meiner Zufriedenheit erledigt. Eine Art Stuntman, der draußen den manchmal anstrengenden, manchmal langweiligen Alltag bewältigt, während ich meine Stunden schlafend und lesend zubringen kann oder einfach einen Tag lang irgendwo in einer schönen Stadt untertauche. „La dolce vita", nennt Anne Weber in ihren kleinen Geschichten von Ida diese Möglichkeit, sich vertreten zu lassen. Ihre skurrile Figur in dem kleinen Erzählband „Ida erfindet das Schießpulver" leistet sich eine ganztags beschäftigte Hausangestellte namens Paddie, die nichts zu lachen hat, weil sie Idas Double ist. „Sie ist es", schreibt Anne Weber, „die jeden Morgen an Idas Stelle ins Büro fährt, ..., die stempeln geht, wenn sie Ida gefeuert haben, zum Arzt, wenn Ida krank ist." Paddie muss für Ida Kreuzworträtsel lösen, im Supermarkt Schlange stehen und Sartre und Heidegger für Ida lesen. „Sogar in den Gottesdienst würde sie sonntags gehen, wenn es sein müsste", schließt die Erzählerin die Liste der Aufgaben. Und Ida? Sie macht ausschließlich das, wozu sie Lust hat. „Der Himmel auf Erden.“ - Dieser Satz, mit dem die Erzählung schließt, mutet wie eine Anfrage an. Wäre das wirklich der Himmel auf Erden? Würde nicht sehr schnell ein erbitterter Kampf zwischen Original und Double ausbrechen, wer für welche Lebenssituationen den Kopf hinzuhalten hat. Der Mensch ist in seiner Individualität unhintergehbar, er ist - wie es das Wort „Individuum“ sagt - unteilbar. Zwei Herren zu dienen: das kann nur für kurze Zeit gut gehen. Bleibt mir wohl nichts anderes, als mich zusammenzureißen, den, den ich als Vertreter losschicken wollte mit dem zusammenzubringen, der heute Morgen nicht aus dem Bett kommt. Einer von uns hätte so oder so etwas verpasst.

DIE WELTVERTRAUENSSTELLE

Er reist als „freischaffender Apokalyptiker“, wie er sich selber nennt, in der Weltgeschichte herum. Irgendwo findet sich immer jemand, der ein Seminar besuchen oder einen Vortrag hören will, in dem er den Ruin der gegenwärtigen Gesellschaft und deren ausweglosen Zusammenbruch prophezeit. Dabei scheint es nur ein solcher Zusammenbruch zu sein, der das Dilemma dieses Apokalypse-Spezialisten noch zu retten vermag. Denn dieser liebt schon seit langer Zeit sowohl Sandra als auch Judith. Beide Frauen wissen voneinander nichts und so könnte es in dieser Ménage-à-trois ewig weitergehen. Wenn der Vortragsreisende in Sachen Apokalyptik nicht nach und nach zu einem gesundheitlichen und psychischen Wrack würde. So macht sich der Ich-Erzähler in Wilhelm Genazinos meisterhaftem Roman „Die Liebesblödigkeit“ auf, den Panik-Berater Dr. Ostwald aufzusuchen. Dieser nimmt ihn mit auf ein Dach, von wo aus der „freischaffende Apokalyptiker" mit einem Fernglas einen Anblick oder einen Gegenstand auswählen soll, bei dem seine Aufmerksamkeit hängen bleibt. Nach vergeblichen Alltagsblicken entdeckt der Ich-Erzähler in einem Garten ein achtjähriges Mädchen, das mit einer winzigen Schere den Rasen schneidet: „Das Mädchen sitzt in der Hocke und nimmt sich Grashalm für Grashalm vor. Jeden Grashalm schaut das Mädchen an und trägt ihn dann zu einem kleinen Häuflein von bereits geschnittenen Halmen." Der Apokalyptiker und Ich-Erzähler ist fasziniert von diesem Unbeschwertsein vom Übermaß der Aufgabe. Er kann sich nicht losreißen von dem Blick auf das Mädchen, das mit jedem neugeschnittenen Halm zu dem Häuflein zurückrennt, um dann wieder nach vorn zu seinem Ernteplatz zu laufen. Wilhelm Genazino legt seinem Ich-Erzähler für diesen Ort der Ernte das Wort „Weltvertrauensstelle" in den Mund. Ich bewege dieses Wort hin und her und frage mich, wo meine Weltvertrauensstelle liegt, wo der Ort ist, zu dem ich immer wieder zurückzukehren wage, weil ich darauf vertraue, dass es dort etwas für mich zu holen gibt. Und sei es auch noch so wenig.

MICH SEHEN LASSEN ALS DER, DER ICH BIN

Philip Grönings viel beachteter und überraschend erfolgreicher Film „Die große Stille" wird immer wieder unterbrochen und damit gegliedert durch Portraitbilder von Mönchen der Grande Chartreuse, des berühmten Kartäuserklosters in den französischen Alpen. Für einen Moment ruht der Blick der Kamera in Nahaufnahme auf den einzelnen Gesichtern der Klosterinsassen, nimmt Unsicherheiten wahr und Verlegenheit, ein Schmunzeln zuweilen und die Spuren des Alters. Vor der letzten Einheit von drei Portraitaufnahmen ist der aus Ex 3 abgeleitete Satz eingespielt, mit dem Gott sich selber offenbart: „Ich bin der, der ich bin". Und in dem dunkelhäutigen, kranken und alten Gesicht, die dann hintereinander gezeigt werden, zeigt sich der jeweilige Mensch als der, der er ist, werden die vielgestaltigen Züge des Menschen auf Gott hin transparent. Ganz anders in Andrew Sean Greers Roman „Die erstaunliche Geschichte des Max Tivoli". Seine Hauptfigur kommt 1871 als „Nisse", als greiser Kobold zur Welt, der verkehrt herum altert. Geboren als Greis wird sein Körper mit jedem Jahr jünger. Im Herbst 1930 nimmt er sich das Leben, elf Jahre vor dem erwarteten Todestermin, im gefühlten Alter von 59 Jahren. Ein Leben voller Lügen, Selbstverleugnungen und dem Gefühl, für die Anforderungen des Lebens immer das falsche Alter zu haben, liegen hinter ihm. „Sei, wofür sie dich halten!", hat man ihm eingeschärft. Darüber ist er zu einem geworden, der an sich selber irre wird und der keinem ein Gegenüber sein kann, vor allem der großen Liebe seines Lebens, Alice, nicht. Wie soll eine Frau auch reagieren, wenn ein heiratsfähiger Mann im Körper und Matrosenanzug eines Kindes zwischen Förmchen und Eimerchen sitzt und ihrer Stimme lauscht. Gut möglich, dass Andrew Sean Greer ein Krankheitsphänomen unserer Zeit in seiner literarischen Figur verarbeitet hat. Vielleicht leiden wir alle daran, das sein zu müssen, wofür die anderen uns halten. Und wie schwer und existentiell zugleich ist es, mich ansehbar zu machen als der, der ich bin.

Ein Gedicht des 1995 verstorbenen Kinderbuchautors Michael Ende erzählt von einem über die Jahre unsichtbar gewordenen Mann: „Zwar seinen Anzug sah man gut, darüber schwebte meist ein Hut, dazwischen war nichts weiter." Als es ihm zu dumm wird, lässt er sich von einem Künstler eine Maske schnitzen. „Sie soll", sprach er, „falls es das gibt, so schön sein, dass mich jeder liebt, und muss vortrefflich sitzen." Die Maske, die er nun Tag und Nacht trägt, betört viele Menschen. Doch weil es nur eine Maske ist, bleibt er der Unsichtbare, der erst durch den Tod demaskiert wird. Nicht erst die humanistische Psychologie hat uns gelehrt, dass wir äußerst flexibel in der Wahl der jeweiligen „personae", der jeweiligen Maske also, sind, in der wir uns zu erkennen geben. In Büchners Lustspiel „Leonce und Lena" nimmt der Flaneur Valerio auf die Frage des Königs „Wer seid ihr?" langsam eine Maske nach der anderen ab und sagt. „Weiß ich's? Bin ich das? Oder das? Oder das? Wahrhaftig, ich bekomme Angst, ich könnte mich so ganz auseinanderschälen und -blättern." Scheint der Mensch also doch eher ein „Dividuum" zu sein, eine zergliederbare Größe, und nicht jene unteilbare Einheit, die wir „Individuum" nennen? Schon Friedrich Nietzsche meinte: „Bei allem, was ein Mensch sichtbar werden lässt, kann man fragen: was soll es verbergen? Wovon soll es den Blick ablenken?" In Zeiten, in denen die Überzeugungskraft der Authentizität anscheinend neu entdeckt und geschätzt wird, geht es mehr denn je um den „Wiedererkennungswert", wie die Werbefachleute sagen, um die Entscheidung für die mir ganz eigene Erscheinungsweise, an der ich erkennbar bin. Michael Ende beschließt sein Gedicht „ganz unbedarft", wie er sagt, mit einer „Kinderweisheit“: „Sei dankbar jedem, der dich liebt, sei selber wer, der Liebe gibt - damit wir sichtbar bleiben!“ Das klingt so kinderleicht und ist doch erwachsenenschwere Aufgabe jeden neuen Tages.

WER BEGLEITET MICH DURCHS LEBEN?

„Keine Ahnung“ heißt eine Erzählung im gleichnamigen Erzählband der in Hamburg lebenden Autorin Karen Duve. Darin lässt die junge Autorin, die mit zwei großartigen Romanen die neuere deutsche Literatur bereichert hat, eine Ich-Erzählerin ihre Zeit zwischen Abitur und Beginn der Ausbildung bei einer Finanzbehörde entfalten. Eine Zeit der Unentschlossenheit und Gefährdung, welche die Protagonistin sogar versehentlich zur Gelegenheitsprostituierten werden lässt. Am Ende, kurz vor Beginn der Ausbildung, entwickelt sie eine erstaunliche Gelassenheit und bekommt sogar ihre Medikamentenabhängigkeit in den Griff. „Einmal hatte ich geglaubt“, so resümiert sie, „das Leben wäre etwas, dem man sich stellen müsste und gegen das man sich wappnen könnte, aber das Leben war bloß das Leben, und es gab nichts, das mich davor bewahren konnte, ich selbst zu sein.“ Mir kommt dazu eine jener kostenlosen Postkarten in den Sinn, die ich in irgendeinem Café ausgelegt fand und auf der weiß auf tiefschwarzem Grund zu lesen war: „Ich begleite mich durchs Leben“. Der Mensch sehnt sich sein Leben lang danach, dass einer mit ihm geht, der das Leben kennt und ihn versteht; er sucht immer wieder neu die Hilfe, die ihm entspricht. Die meisten Menschen werden vergeblich erwarten, dass sich dabei der Himmel über ihnen öffnet und eine Stimme ihnen bestätigt, dass Gottes Auge auf ihnen ruht. Ihnen bleibt nur das Vertrauen in die eigene Kraft, mit der sie sich selbst durch ihr Leben begleiten und zulassen, dass das Leben ihnen Feuertaufen zumutet und sie mit allen erdenklichen Wassern wäscht. Ich habe wenig Einfluss darauf, was das Leben mit mir anstellt, aber ich kann im Wechselspiel des Lebens versuchen, ich selber zu bleiben. Ich denke schon, dass Gott daran Gefallen findet.

WEISSER SONNTAG

Der 1936 geborene, heute in Zürich lebende Schriftsteller Clemens Mettler erinnert sich in seiner feinsinnigen Erzählung „Symmetrie oder wie ich zu zwei Kommuniongespanen kam" an die Zeit seiner Erstkommunion und ihrer Vorbereitung, an die kindlichen Vorstellungen, die sich mit der Hostie verbanden, die Bubenstreiche, die sie dem hilflosen Vikar spielten und die Suche nach einem „Gespan", einem Paten zur Erstkommunion. Mettlers Erzählung beginnt mit einem programmatischen Satz, für den er die ganze erste Seite reserviert: „Alles drehte sich um mich." Mettlers Erinnerungen lesend steigen Bilder in mir auf, wie ich meine erste heilige Kommunion erlebt habe. Schenke ich meinem Vater Glauben, habe ich ihn bei meinem ersten Besuch eines Gottesdienstes, lange vor der Erstkommunion, gedrängt, mir doch auch einen von den „Keksen" mitzubringen, die er sich meiner kindlichen Sicht nach, da vorne holte. Unter uns Kommunionkindern wurde später dann auch „der Weg der Hostie, die nun der göttliche Herr und Heiland selber ist, durch den irdischen Körper bis zum Magen hinab bedacht", wie

Clemens Mettler es augenzwinkernd beschreibt. Und inzwischen schmunzelt das Kommunionkind, das ich einmal war, über die Provokation eines Kritikers, der in einem Pfarrhausroman unserer Tage seinen Ortspfarrer ausgerechnet beim Essen mit der Frage konfrontiert: „Sie beten also einen an, der vor zweitausend Jahren behauptet hat, er verwandle sich jeden Sonntag in einen Keks?" Dabei bin ich längst kein Kommunionkind mehr. Mit jedem Gang zum Altar im allsonntäglichen Gottesdienst bin ich ein Stück mehr aus meinem Kommunionanzug herausgewachsen, bin älter geworden. Und ich frage mich, ob es inzwischen auch so etwas wie einen „Kommunionerwachsenen" in mir gibt, der die Zusage kindlich ernst nimmt, dass sich bei dem, was da auf dem Altar geschieht, alles um ihn dreht.

ICH MÖCHTE LEUCHTTURM SEIN

Wir waren in dieser Adventsnacht an den Strand heruntergegangen. Der Wind war eisig. Das Meer blieb in Nebel und Nacht verborgen. Nur sein Rauschen verriet, dass es dort vor unseren Füßen war. Der Leuchtturm der Insel hinter unseren Rücken warf seinen Lichtbalken in die Dunkelheit hinaus. Beinahe zärtlich strich er mit seinem Licht über uns hinweg. Ich dachte an unseren Adventskranz daheim, an das wärmende Licht der Kerzen, und musste schmunzeln, als das Licht des Leuchtturms in dieser winterkalten Nacht wieder über uns hinweg strich und mir die Gedichtzeile „Advent, Advent, ein Lichtlein brennt ..." in den Sinn kam. Vielleicht waren Leuchttürme ja nichts anderes als Kerzen am Rande der Dunkelheit, ein „Streichholz im unendlichen Meer", wie es der Dichterpriester Kurt

Weigel einmal ausgedrückt hat, „ein kleines Licht auf hohem Turm." Und vielleicht stimmte es ja wirklich, dass wir Menschen nichts mehr suchen, als die Verheißung, die das Licht in die Nacht hinein spricht: das Versprechen von Leben und Wärme, von Heimeligkeit und Behütetsein. Ich schlug den Kragen meines Mantels höher und zog den Schal fester. Und ich dachte an den Satz, den Wolfgang Borchert seinen „Gedichten um Hamburg" als Frontispiz vorangestellt hat: „Ich möchte Leuchtturm sein/ in Nacht und Wind – für Dorsch und Stint,/ für jedes Boot –/ und bin doch selbst/ ein Schiff in Not!" Sehnsucht und traurige Bilanz in einem. Wie gern wäre auch ich dir Leuchtturm gewesen und musste doch sehen: ich bin selber in Seenot, brauche das orientierende Lichtzeichen und halte Ausschau nach Rettung. Ich legte meinen Arm um dich, blickte dem Lichtbalken nach, der über unseren Kopf hinweg in die Weite der Meeresnacht hinausstrahlte und begann zu summen: „Es kommt ein Schiff geladen, bis an sein höchsten Bord. Trägt Gottes Sohn voll Gnaden, des Vaters ewig's Wort." Und ich hätte in diesem Augenblick mit dem Arm des Leuchtturmlichts gern gewunken und gerufen: „Hierher! Hier sind wir!"

AGNUS DEI

In seiner bekannt gewordenen Meditation zu Mozarts Credo-Messe KV 257 bringt der Schweizer Schriftsteller Peter Bichsel den genialen Komponisten Mozart, den allmächtigen Gott und die debile, leicht geistig behinderte Anneli zusammen. Anneli habe überall, wo sie war, das Gefühl gehabt, im Weg zu stehen. Folglich bestand ihr Leben aus Entschuldigungen. Ja, sie habe mit einer krankhaften Besessenheit selbst bei dem Tod völlig fremder Menschen einen Zusammenhang zu sich selber hergestellt und sich gefragt, ob sie nicht vielleicht schuld daran sei. „Anneli hatte in ihrer Kirche ganz einfach etwas falsch verstanden“, schreibt Bichsel, „du nimmst hinweg die Sünde der Welt. Anneli glaubte, sie hätte das zu tun.“ Die Erinnerungen an Anneli spielen mir ein Lächeln auf die Lippen. Dabei ist es bitterer Ernst. Braucht es erst solch einen exzentrischen Menschen wie die invalide Anneli, die in kein System zu passen scheint, um mich daran zu erinnern, dass ich das Lamm Gottes nicht unausgesetzt zum Sündenbock machen kann? Und ich stelle mir vor, was wäre, wenn ich das Agnus Dei in der Eucharistiefeier, wie Anneli, auf mich beziehen würde. Oder es gar meinem Banknachbarn zusagte und er mir: Du, Lamm Gottes, nimmst hinweg die Sünde der Welt! Ein Auftrag, an dem ich nur scheitern könnte. Oder an dem ich irre würde, wie Anneli. Dabei trifft ja bedrückend zu, was Günter Eich in einem seiner Texte sagt: „Sieh, was es gibt: Gefängnis und Folterung, Blindheit und Lähmung, Tod in vieler Gestalt, den körperlosen Schmerz und die Angst, die das Leben meint. ... Alles, was geschieht, geht dich an.“ Zweifelnd an meiner kleinen Kraft höre ich das Wort des Priesters zur erhobenen Hostie: „Seht das Lamm Gottes, das hinwegnimmt die Sünde der Welt.“

GOTT BETRACHTEN

Zeit seines Lebens hat er betont, dass der Frühling und sein Leben zugleich begonnen haben. Während Goethe auf die glückliche Konstellation der Gestirne zu seiner Geburtsstunde hinwies, so er auf Bachstelzen, Löffelkraut und Zitterpappeln, die mit ihm auf den mühsam sich vom Schnee befreienden Straßen des Fichtelgebirges angelangt seien. Diese Mischung aus Humor und Pathos, Satire und Sentimentalität zeichnet die Werke des am 21. März 1763 in Wunsiedel geborenen Johann Paul Friedrich Richter aus, der unter dem Namen Jean Paul seinen unvergleichlichen Platz in der deutschsprachigen Literatur gefunden hat. Kurios auch, dass er als Junggeselle mit seinem Roman „Siebenkäs", der den Untertitel „Blumen-, Frucht- und Dornenstücke oder Ehestand, Tod und Hochzeit des Armenadvokaten F. St. Siebenkäs im Reichsmarktflecken Kuhschnappel" trägt, 1796 den ersten großen deutschen Eheroman schrieb. Darin findet sich unter dem Titel „Rede des toten Christus vom Weltgebäude herab, dass kein Gott sei" ein als „Blumenstück" bezeichnetes Protokoll eines Albtraums an einem Sommerabend, in dem Christus als „hohe edle Gestalt mit einem unvergänglichen Schmerz" unter den Toten erscheint. Diese fragen ihn. „Jesus! Haben wir keinen Vater?" Und er antwortet ihnen unter Tränen: „Wir sind alle Waisen, ich und ihr, wir sind ohne Vater." Und Jesus erzählt, wie er den Vater gesucht und zu ihm aufgeschaut habe und ihn das göttliche Auge „mit einer leeren bodenlosen Augenhöhle" angestarrt habe. „Wenn einmal", stellt der Autor in einer Fußnote diesem „Blumenstück" voran, „mein Herz so unglücklich wäre, dass ihm alle Gefühle, die das Dasein Gottes bejahen, zerstöret wären, so würd' ich mich mit diesem Aufsatz erschüttern." Und auch der Erzähler, der aus diesem Albtraum erwacht, sagt: „Meine Seele weinte vor Freude, dass sie wieder Gott anbeten konnte." Vielleicht ist uns in einer selbstbewussten und selbstständigen Zeit der wirkliche Schrecken über die Finsternis unserer Waisenkindeinsamkeit abhanden gekommen, der uns fühlen ließe, was es bedeutet, wenn Jesus sagt: „Ich werde euch nicht als Waisen zurücklassen!" (Joh 14,18)

KINDCHENSCHEMA

„Wer sich mit fünfunddreißig und beginnendem Haarausfall noch ein Kind andrehen lässt, ist nicht zu retten.", denkt Paul Pokriefke, der Erzähler in der Novelle „Im Krebsgang" von Günter Grass. Kaum ist Konrad, sein Sohn geboren, wird ihm sonnenklar: Ab jetzt geht nichts mehr. Schluss mit Gernegroß! Ab jetzt gilt es, sich beim Windelnwechseln und in kurzen Nächten zu bewähren. Auch wenn es nicht wenige sind, die alles dafür gäben, Vaterfreuden und Mutterglück zu erleben, Paul Pokriefke spricht aus, wie sehr ein Kind das Leben seiner Eltern verändert. „Keine ruhige Minute ist seitdem mehr für mich drin", singt auch Reinhard Mey und vermutet, dass dies wohl bis zu seinem hundertsten Lebensjahr so weitergehen wird. Wer ein Kind zur Welt bringt oder annimmt, lässt sich auf ein Abenteuer ein. Im Wörterbuch dem Wort Abenteuer nachgehend, lese ich, das mittelhochdeutsche Wort aventiure bedeute „Ereignis" und lasse sich auf das lateinische Wort advenire, herankommen, zurückführen. Ein Kind als Ereignis, das herankommt, das über mich hereinbricht und meine Welt aus den Angeln hebt?

Weihnachten redet davon, dass uns ein Kind geboren ist, mit dessen erstem Kommen etwas über uns hereinbrach, das sich bis heute noch ereignet. Dabei frage ich mich mit einem Vers von Paul Celan, ob dieses Fest wirklich das Kindchenschema bedienen will: „Käme,/ käme ein Mensch,/ käme ein Mensch zur Welt, heute, mit/ dem Lichtbart der Patriarchen". Das Krippenkind bringt doch die vermeintlich heilige Ordnung gehörig in Unruhe. Die Nacht wird nicht nur in Bethlehem zum Tage. Auch mich weckt dieses Menschlein in der Krippe mit dem Lichtbart der Patriarchen alle Jahre wieder aus dem Schlaf der Sicherheit. Das ist meine Rettung.

DER ALTE GANGSTER DA OBEN

Der ehemalige Fernsehpfarrer Jürgen Fliege polarisierte einmal in einer Talkshow die Gäste, als er von Gott als „dem alten Gangster da oben" sprach. Beschämend und gotteslästerlich empfanden es die einen, für eine liebevoll augenzwinkernde Bemerkung hielten es die anderen. Dieter Fortes viel gepriesenes Sprachkunstwerk „Auf der anderen Seite der Welt" erzählt von einem lungenkranken, dem Tode geweihten jungen Mann, der in ein Sanatorium auf einer Nordseeinsel reist, aus dem er vielleicht nicht zurückkehren wird. In diesem ganz bewusst an Thomas Manns „Zauberberg" angelehnten Kosmos lässt Forte diesen Jungen auf einen Alten treffen, der ihm zum Zimmergenossen wird. „Was meinste, ob da wohl einer auf uns runterguckt?", fragt dieser während eines längeren Monologs und gibt sich selbst die Antwort: „Nee, wohl nich, was? Aber wir sehen hinauf, dusselig wie wir sind, und es hilft uns nischt. Stieren uns die Hälse ab. Dabei sehen wir ja ooch nur hinunter. Wenn de bedenkst. Unten und oben gibt's nich. ... Und wir kieken immer noch ewig nach oben, und keiner denkt dran, is ja genauso unten wie wir. Wat der Mensch sich eben so einredet." Was aber reden wir uns denn ein? Den größten aller Verbrecher, der uns nicht aus den Augen lässt und von dem wir nicht wissen, was er im nächsten Augenblick mit uns vorhat? Oder einen liebevollen Vater, einen Gott auf Augenhöhe, der sich um uns sorgt? Heil und gesund machen kann den Menschen wohl nur der Glaube, den Johannes XXIII. in seinen Geboten der Gelassenheit so formuliert hat: „Nur für heute werde ich fest glauben – selbst wenn die Umstände das Gegenteil zeigen sollten – dass die gütige Vorsehung Gottes sich um mich kümmert, als gäbe es sonst niemanden in der Welt." Alles andere ist ein Glaube, der Selbstzerstörung und Selbstdemütigung nur noch vorantreibt. Dann rede ich mir doch lieber ein, dass der gute alte Gangster da oben noch einiges mit mir vorhat, dass er mich im Blick behält und dafür sorgt, dass mein Fuß nicht an einen Stein stößt.

WAS IST VON EINEM SOLCHEN GOTT ZU HALTEN?

Jetzt geht das wieder los: Aschenkreuz, Fasten, Buße und Umkehr. Wochen, die mir mit lila Tinte Abschied und Endlichkeit, Verführbarkeit und Sündhaftigkeit ins Stammbuch schreiben. In Kinderjahren hieß das: alle Süßigkeiten, die wir geschenkt bekamen, wanderten ins bereitstehende Einmachglas. Heute nehme ich mir vor, weniger fernzusehen, auf den zweiten Cappuccino in der Kaffeepause zu verzichten, zum Mineralwasser anstatt zum Wein zu greifen. Fastenzeit ist Zeit, sterben zu lernen, zu begreifen, dass mir nicht ein Leben lang alles in Fülle zur Verfügung steht. Im viel beachteten neuen Roman „Nachtzug nach Lissabon" von Pascal Mercier macht sich ein aus der Bahn geworfener altsprachlicher Lehrer auf die Suche nach dem portugiesischen Autor Amadeu Prado. Und er findet dessen Rede zur Schulentlassung, in der Prado darauf abgehoben hat, wie schwierig die Liebe zu Gott sei, da sie „unablässig trennen müsse zwischen der Leuchtkraft der Worte und der wortgewaltigen Unterjochung durch einen selbstgefälligen Gott." Prado empfindet die Forderungen Gottes als Zumutung und Verhöhnung: „Gramgebeugt und sündenbeladen, ausgedörrt von Unterwerfung und der Würdelosigkeit der Beichte, mit dem Aschenkreuz auf der Stirn sollen wir dem Grab entgegengehen, in der tausendfach widerlegten Hoffnung auf ein besseres Leben an Seiner Seite. Doch wie könnte es besser sein an der Seite von Einem, der uns vorher aller Freuden und Freiheiten beraubt hatte?" Was ist von einem solchen Gott zu halten, frage ich mich. Ich habe meine Zweifel, dass es wirklich Unterjochung ist, was er in dieser österlichen Bußzeit mit mir vorhat. Ich gebe mir vierzig Tage lang die Gelegenheit, Erfahrungen damit zu machen, dass es mehr als alles gibt und dass sich vom Brot allein nicht leben lässt.

DER GOTT, DER SICH VERSCHRIEBEN HAT

Das könnte Klaus sein, dachte ich und war mir im selben Augenblick sicher: das ist Klaus. Wie er leibt und lebt! Wir hatten uns seit dem Studium aus den Augen verloren, waren uns irgendwann abhanden gekommen, trotz der Nächte, die wir zu Tagen gemacht hatten, der gemeinsam durchgestandenen Prüfungen und der Gespräche über Gott und die Welt. Klaus hatte große Pläne: Forschungen, die ihn ins Ausland führten; weltbewegende Fragestellungen, an deren Beantwortung er sich „abarbeiten" wollte, wie er es damals nannte. Namen großer Städte fielen, die sich vor uns, die wir beide aus ländlichen Provinzstädten – aus „Käffern", wie Klaus sagte – stammten, wie ein goldgrundiger Horizont öffneten. Und jetzt stand Klaus da: etwas rundlicher geworden, die ehemals in alle Richtungen abstehende „Einstein-Frisur" zum dezent-sportlichen Kurzhaarschnitt umgewandelt, links und rechts ein Kind an der Hand. Sabrina und Hannah, sagte er stolz. Und dass Jonas zu Hause geblieben sei, bei Ilka, seiner Frau – ich wisse doch: der hübschen Blonden aus dem Studentenwohnheim. Und sie wohnten jetzt in der Eifel, umgebauter Bauernhof, ich solle doch mal vorbeikommen. Lehrer sei er geworden, im 10 Kilometer entfernten Oberzentrum, Gymnasium, vierzügig, zweisprachig. „Wer in Geschichten leben will", geht mir ein Satz des Schweizer Schriftstellers Peter Bichsel durch den Kopf, „der setzt sich auch in ihnen gefangen." Und ich frage mich, ob Gott an Weihnachten nicht genau das tat, was Klaus irgendwann getan hat: sich selbst aus freien Stücken in einer Geschichte gefangen gesetzt. In der Geschichte des Menschen Jesus von Nazareth. „Gott hat sich verschrieben", hat das der evangelische Theologe Klaas

Huizing in seinem Entwurf einer ästhetischen Theologie einmal genannt. Irgendwann verschreibt sich der Mensch angesichts der vielfältigen Möglichkeiten, angesichts der unzähligen offenen Türen wie Gott einer ganz konkreten Geschichte, in der er sich selbst gefangen setzt und doch in Freiheit lebt. Vielleicht ist dies das eigentliche Menschheitsgeheimnis der Weihnacht.

MENSCHLICHER MEHRWERT

Im reißerisch geschriebenen Historienroman „Die Raben von Carcassonne" erwähnt sein viel gelesener Autor E.W. Heine ein Ritual, das am Tag der heiligen Perpetua zur Freude der Menschen begangen wird: zuvor gefangene Singvögel werden in der Kirche freigelassen und fliegen so lange gegen die bleiverglasten Fenster, bis sie tot zu Boden fallen. „Dort werden sie dann weggefegt wie welkes Laub", fasst der Henker Leander, der im Mittelpunkt dieses Romans steht, die Schilderung des Rituals zusammen. Der tröstlichen Rede von den Spatzen, von denen auch nicht einer ohne den Willen des himmlischen Vaters zu Boden falle, hat schon der unbequeme Denker Fridolin Stier widersprochen. In seinem Tagebuch „Vielleicht ist irgendwo Tag" notiert er, wie sein Kater um 4 Uhr 30 früh auf der Veranda mit einem halbflüggen Dompfäffchen im Maul erscheint. Dieser erste Blick am frühen Morgen wirkt auf Stier wie ein Hohn, wie eine Klage „gegen den miserablen Geschäftsbetrieb des Obersten Allmachers". Gott müsse sich auslachen lassen, meint er, für diesen „Mehr-wert-als-viele-Spatzen-Glauben", so unerträglich sei das Recht und die Macht und die Herrlichkeit dieses Allherrn, dem das Dompfäffchen piepsend, kläglich jammernd zwischen den Zähnen des Katers das Morgenlob singe. „Wenn ich deiner gedenke ...–", schließt Stier seinen Tagebucheintrag, „gestatte: mich würgt`s!" Angesichts der unzähligen Toten der Katastrophen und Terrorakte, der physischen und psychischen Leichen, die jeden Tag wie welkes Laub vom Alltagsboden weggefegt werden, brennt die Frage, ob der Mensch wirklich mehr wert ist als viele Spatzen, wie ein nicht zu löschendes Licht. Denkbar, dass auch wir nur eine Zeitlang gegen die Fenster unserer angeblichen Freiheit fliegen, bis wir am Ende zerstört am Boden liegen. Gut möglich aber auch, dass wir nicht einfach ins Leere fallen und achtlos weggefegt werden.

E N T S C H E I D E N

ICH BIN SCHON GROSS!

Summer in the city! Die Eisdiele zum Brechen voll. Neben mir am Tisch zwei Mütter: Frauengespräche bei zwei Tassen Cappuccino. In regelmäßigen Abständen der Blick zu den Kindern, die zwei Meter weiter auf einer Wippe in der Fußgängerzone spielen. „Nicht so schnell, Svenja!", ruft eine der beiden Frauen zur Wippe herüber, „Der Marcel ist doch noch viel kleiner als du." Voller Empörung reckt der erwähnte Marcel auf der gerade nach oben schnellenden Wippe den Kopf und schreit aus Leibeskräften zurück: „Ich bin schon groß!" Solange wir klein sind, wollen wir groß, erwachsen und selbstständig sein. Und wir sind als Kinder zu Tode beleidigt, wenn jemand unser „Großsein" nicht anerkennt und uns nicht das zutraut, was man auch den Großen zutraut. Als Erwachsene wünschen wir uns dagegen oft, noch einmal klein sein zu dürfen, nicht alles selber entscheiden und allein bewältigen zu müssen, nicht Fels in der Brandung des Lebens sein zu müssen, sondern irgendwo Unterschlupf zu finden. Der Mensch lebt ein Leben lang in dieser Ambivalenz zwischen Aggression und Regression. Beide Impulse trägt er in sich: den, sich groß zu fühlen, sich zeigen zu wollen und erwachsen zu sein, aber auch den, sich klein fühlen zu dürfen, sich zurückziehen zu können und Kind sein zu dürfen. Es gibt das „innere Kind", von dem manche Psychologen sprechen, ebenso in uns wie den „inneren Erwachsenen". Viktor Frankl, der Begründer der Existenzanalyse, hat einmal gesagt: „Der Mensch ist dasjenige Wesen, das sich in jedem Moment entscheidet, was es ist." Das gilt für die Entscheidung, jetzt Kind sein zu wollen ebenso, wie für die Entscheidung, jetzt Erwachsener sein zu wollen. Wie gut, dass der Mensch nicht auf eine Rolle festgelegt ist, dass das Kind ganz erwachsene Züge zeigen darf und der Erwachsene ganz und gar kindliche. Und wie gut, dass „Ich bin schon groß!" nicht das letzte Wort ist.

MACHT OHNE HIMMEL

Martin hat's erwischt. Seit über einer Stunde macht er mich zum Zeugen seiner grenzenlosen Schwärmerei, während sein Bier verschalt. Er ist bis über beide Ohren verliebt. Für Martin ist das nichts Besonderes. Die „Himmelsmacht" Liebe hat ihn alle Nase lang im Griff: vor einem halben Jahr Lisa, kurz darauf Christina, wenig später Rita, aktuell Petra. Ich weiß nicht, ob ich ihn beneiden soll. In Martins Beziehungskarussell würde mir schwindlig. Schon Ovid schreibt in seiner „Liebeskunst": „Rede Dir ein, du liebst, wo du flüchtig begehrest. Glaub es dann selbst ... Aufrichtig liebt, wem's gelang, sich selbst in Feuer zu sprechen." Höre ich Martin zu, zweifle ich, ob Ovid hier wirklich einen ernstzunehmenden Rat formuliert. Ich werde den Gedanken nicht los, dass Ovid vielmehr das foppende Spiel beschreibt, dass der Mensch mit sich selber treibt, wo immer er glaubt, mit ganzem Herzen, ganzer Seele und aller Kraft zu lieben. Dabei war schon La Rochefoucauld der Meinung, die Liebe sei wie ein Gespenst: „Jeder spricht davon, aber niemand hat es wirklich gesehen." Und wenig später goss Heinrich Heine sein Unverständnis des Phänomens Liebe in den frechen Satz: „Was Ohrfeigen sind, weiß jeder; was die Liebe ist, das hat noch niemand herausbekommen", wobei die Parallelität von Ohrfeigen und Liebe wohl alles andere als zufällig ist. Wer sich im „Siebenten Himmel der Liebe", von dem der Schlager singt, glaubt, der fällt nicht selten schnell aus allen Wolken. Erich Fromm weist in seiner „Kunst des Liebens“ darauf hin, dass man ehrlicher Weise nicht sagen könne, dass man „in Liebe falle“ (to fall in love). So passiv sei dieses Geschehen nicht. Richtig müsse es heißen: „Ich gehe in Liebe“, denn jedes Sichverlieben und Lieben ist Wahl und Entscheidung. Ob Ovid also doch Recht hat: „Rede Dir ein, du liebst, wo du flüchtig begehrest …“? Eines ist sicher: mit ganzem Herzen, ganzer Seele und aller Kraft zu lieben setzt Willen und Freiheit voraus. Und die Bereitschaft, sich immer wieder von neuem binden und verbinden zu wollen. Mit dem Menschen neben mir. Und mit dem Gott über mir, vor mir und in mir.

ERWACHSENE ENTSCHEIDUNG

Er schuf die Menschen nicht nach seinem Bilde, aber er konnte nur eine positive Beziehung zu ihnen aufbauen, wenn er den Eindruck hatte, dass er es mit Fleisch von seinem Fleisch und Bein von seinem Bein zu tun hatte. Ließ der andere ihn spüren, dass er anders dachte und sein Leben anders gestaltete als er, zog er sich zurück und ließ von da an keine Gelegenheit aus, sich von seinem Gegenüber zu distanzieren und sich bei anderen verächtlich darüber zu äußern. Dabei meinte er es, wie er immer betonte, nur gut, wollte anderen Vater und Mutter zugleich sein; und war doch wie ein trotziges und enttäuschtes Kind, sobald der andere eigene Wege ging. Es kann nur als tragisch bezeichnet werden, dass er für die Menschen, die er auf diese Weise an sich band, zu dem wurde, was Thomas Bernhard in seinem Roman „Der Untergeher“ einen „Entwicklungsverhinderer" genannt hat. Statt eigene Triebe und Äste auszubringen und zu einem stattlichen Baum heranzuwachsen, war dem, der sich auf ihn einließ, nur möglich, als schütteres Klettergewächs an ihm emporzuranken. Peter Härtling schreibt in seiner zu seinem siebzigsten Geburtstag unter dem Titel „Leben lernen" erschienenen, tiefgründigen und geschickt arrangierten Autobiographie: „Ich will laufen lernen, ohne dass mir der Weg vorgeschrieben wird." Dabei ist das Ich, das hier spricht, kein Kind mehr, sondern längst der junge Reporter Peter Härtling in Heidenheim, dessen erster Gedichtband gerade erschienen ist und der weg will, frei arbeiten möchte und die fürsorglich schützende Gemeinschaft hinter sich zu lassen sucht. Auch der Anspruch, den die Nachfolge Christi mit sich bringt, schließt zu allen Zeiten die Forderung ein, die Väter und Mütter, Häuser und Äcker hinter sich zu lassen und selbständig laufen zu lernen. Denn entschieden sein kann nur, wer selber entscheiden kann. Solche Forderung fördert Entwicklung. Schließlich geht es um individuelle Nachfolge, und nicht um Hinterherzockeln, Kopieren und Nachäffen.

AUF EINEN ANDEREN WARTEN?

Lin Kong wartet. Manna Wu wartet auch. Im China der zweiten Hälfte der 60er Jahre, unmittelbar nach der Kulturrevolution wartet die attraktive Krankenschwester Manna darauf, dass sich der Arzt Lin, den sie in dem Militärhospital, in dem sie beide arbeiten, kennengelernt hat, scheiden lässt. Lin wartet darauf, dass seine Frau Shuyu, mit der er auf Wunsch seiner Eltern in früher Jugend verheiratet wurde, endlich in die Scheidung einwilligt. Da es erst nach 18 Jahren möglich ist, sich ohne Zustimmung des Partners scheiden zu lassen, macht sich Lin alle Jahre wieder in sein Dorf auf, um die Zustimmung seiner Frau zur Scheidung zu erbitten. Doch auch die wartet lieber, zögert die Zustimmung Jahr um Jahr hinaus. Als Lin und Manna endlich als Mann und Frau vor dem Gesetz zusammenleben können und das lang ersehnte Glück perfekt scheint, bekommt die Beziehung Risse. Lin nimmt wieder Kontakt zu seiner geschiedenen Frau auf. Ein neuer Reigen des Wartens beginnt. Diesmal auf Mannas Tod, bei der inzwischen eine Herzkrankheit diagnostiziert wurde. Der 1956 in Nordchina geborene und heute in Boston Englische Literatur lehrende Autor Ha Jin erzählt diese bedrückende Geschichte in seinem Roman „Warten“. Am Ende des Buches sagt sich Lin: „Achtzehn Jahre hast Du gewartet, ohne zu wissen worauf! Du hast dir vorgegaukelt, dass das, was du nicht haben konntest, das war, was du am meisten begehrtest.“ Ich lege das ausgelesene Buch beiseite und frage mich, ob mein unruhiges Herz nicht auch schon jahrelang auf die Erfüllung einer Sehnsucht wartet, deren Zauber zerfällt, sobald sie eintreten würde. Die Frage, ob ich nicht doch auf den ganz anderen Zustand warten soll, treibt mich bis zuletzt um. Ich werde warten müssen. Geschichte und Geschichten erschließen sich erst von ihrem Ende her.

DEM GLEICHGÜLTIGEN UNIVERSUM EINE BEDEUTUNG GEBEN

Woody Allens Film „Match Point" spaltete uns in zwei Lager. Ist die Welt wirklich so zynisch und kalt, dass selbst das brutalste Verbrechen sich irgendwo noch rechtfertigen lässt, wie Nicole meinte? Oder holt die Schuld den Menschen irgendwann doch ein, ist der Davongekommene am Ende doch sein ärgstes Opfer, wie Klaus dachte? Der Film „Match Point" spielt mit einem Motiv, mit dem Woody Allen sich schon in „Verbrechen und andere Kleinigkeiten" befasst hat: ein Ehemann versucht, seine Geliebte umzubringen, um sein bisheriges Leben nicht zu verlieren. In beiden Fällen kommt der mörderische Ehemann davon, die Tat wird einem anderen zugeschoben, die Fassade kann aufrechterhalten werden. Woody Allens Film „Verbrechen und andere Kleinigkeiten" schließt mit einer nachgerade religiösen Betrachtung: „Wir werden alle in unserem Leben mit quälenden moralischen Entscheidungen konfrontiert. Einige davon sind sehr schwerwiegend, die meisten dieser Entscheidungen jedoch sind eher unbedeutend. Aber wir definieren uns selbst nach diesen Entscheidungen, die wir getroffen haben. Genau genommen sind wir die Summe unserer Entscheidungen. Die Ereignisse kommen so unvorhersehbar auf uns zu, so ungerecht … – das menschliche Glück scheint im Schöpfungsplan nicht enthalten zu sein. Nur wir allein können mit unserer Fähigkeit zu lieben dem gleichgültigen Universum eine Bedeutung geben. Aber dennoch scheinen die meisten Menschen die Fähigkeit zu besitzen, es weiterhin zu versuchen und sogar in einfachen Dingen Freude zu finden: in ihrer Familie, in ihrer Arbeit. Es bleibt ihnen die Hoffnung: zukünftige Generationen begreifen vielleicht mehr." Die Fastenzeit lädt nicht nur dazu ein, sich im

Umgang mit quälenden moralischen Entscheidungen zu üben, sie lädt auch dazu ein, dem gleichgültigen Universum durch unsere Liebe eine Bedeutung zu geben. Eine Zeit liegt also vor uns, in denen wir in einfachen Dingen wieder Freude finden können, um dem Zynismus und der Kälte zu wehren. Noch ist es nicht zu spät.

SELTSAME BEZIEHUNGEN

Sie hatte sich auf den Brunnenrand im Jardin du Luxembourg in Paris gesetzt, ihre Schuhe ausgezogen und die Füße gekühlt. Er hatte ein Foto von ihr gemacht: eine Momentaufnahme aus glücklichen Zeiten. Sie hatten sich während des Germanistikstudiums kennengelernt. Bald stellten sie fest, dass sie gemeinsame Interessen hatten, über dieselben Dinge lachen konnten und über dasselbe wütend werden konnten. So verabredeten sie sich immer öfter und gestanden sich ihre Liebe nie anders als durch Blicke oder Gesten, bis er eines Tages fragte, ob sie ihn heiraten wolle. Eine Romanze. Leider eine, die es nur in der Literatur gibt, denn was hier skizziert ist, ist die Geschichte von Kommissar Marthaler und seiner Frau Katharina, einer Ermittlerfigur, die Matthias Altenburg unter dem Pseudonym Jan Seghers der deutschsprachigen Krimilandschaft geschenkt hat. „Sie wussten, dass sie einander nie verlassen würden.“, heißt es über Marthaler und Katharina, „Mochte auch alles dagegen sprechen, mochte auch niemand glauben, dass es eine Liebe gab, die ewig hielt, so waren sie eben die Ausnahme.“ Doch dies wäre kein Krimi und Marthaler kein Kommissar geworden, wenn nicht auch dieses Glück zerbrochen wäre. Marthalers Frau wird Opfer eines Geiseldramas, Marthaler fällt in eine Depression und entscheidet sich später, Polizist zu werden. Inzwischen seit vielen Jahren Kommissar, fragt sich Marthaler, warum es seinen Eltern gelungen ist, ein ganzes Leben lang ein glückliches Paar zu bleiben und warum dies in seiner Generation offenbar kaum jemandem mehr gelingen will. „Er war umgeben von Kollegen, die sich gerade getrennt hatten, die kurz vor einer Scheidung standen oder schon gar nicht mehr den Versuch unternahmen, eine feste Partnerschaft aufzubauen. Es waren seltsame Beziehungen, die die Männer und Frauen seines Alters zueinander unterhielten. Man ging miteinander aus, man schlief miteinander, nur miteinander leben, das wollte oder konnte man nicht. Und doch war es das, was anscheinend allen fehlte." Eine achselzuckende Frage, die der Erzähler des ersten Kriminalfalls Robert Marthalers unter dem Titel „Ein allzu schönes Mädchen" an unsere Zeit richtet. Was ist da geschehen, was zerbrochen? Vielleicht geht in diesen gewandelten Zeiten ja auch nicht mehr, was früher noch selbstverständlich war. Oder liegt es doch an meiner mangelnden Bereitschaft als postmoderner Mensch, mich ganz und gar einzulassen, Verantwortung zu übernehmen und entschieden zu sein? „Wer A sagt, muss auch B sagen!", hieß es früher belehrend. Das will ich wieder lernen. Ich glaube, da liegt ein Stück des gesuchten Glücks.

Mit dem 1989 verstorbenen Autor Thomas Bernhard verbindet man den Kauz und Querulanten, den Österreichbeschimpfer und Pessimisten. In seinem 1978 entstandenen Büchlein „Der Atem. Eine Entscheidung" aus der Reihe der fünf autobiographischen Romane spricht jedoch eine ganz andere Stimme. Bernhard, der hier Erfahrungen mit seiner tödlichen Lungenerkrankung aus dem Jahre 1949 verarbeitet, lässt den Erzähler in einen Krankensaal verbracht werden, in dem nur solche Patienten sind, mit deren baldigem Tod gerechnet wird. Die alles beherrschende Krankenschwester schiebt den erkrankten Erzähler in dieser „intensiv und rücksichtslos arbeitenden Todesproduktionsstätte" sogar ins Badezimmer ab, wo er in wenigen Stunden versterben soll. Doch in dieser ausweglosen Situation entscheidet sich der Erzähler für sein Leben: „Ich hatte mir vorgenommen, alles in diesem Sterbezimmer, also auch alles mir noch bevorstehende, auszuhalten, um aus diesem Sterbezimmer wieder herauszukommen." Am Ende kann der Erzähler sagen: „Solange ich in diesem Sterbezimmer gewesen bin, hatte es keiner lebend verlassen. Ich war die Ausnahme." Ein ebenso bedingungsloser wie einzigartiger Kampf, von dem hier erzählt wird. Ein Kampf, der mehr ist als Durchhalten und Sich-Nicht-Unterkriegen-Lassen. Der Erzähler hat mit der Zeit einen ihn „nicht mehr schädigenden, sondern belehrenden Mechanismus der Wahrnehmung" entwickelt: „Ich durfte mich von den Objekten meiner Betrachtungen und Beobachtungen nicht mehr verletzten lassen", sagt er. Ich denke an die vielen Sterbezimmer in meiner Stadt und daran, dass viele Menschen es nicht mehr lebend verlassen werden, sosehr sie auch beschließen, wieder herauszukommen. Letztendlich aber ist unser ganzes Leben ein solches Sterbezimmer. Und uns bleibt nichts anderes, als uns von den Betrachtungen und Beobachtungen in diesem Zimmer und von all dem uns noch Bevorstehenden nicht verletzen zu lassen. Das ist verdammt schwer und ist zugleich doch das, was man eine Entscheidung für die eigene Übernatur nennen könnte. Oder zumindest doch eine Einübung in diese Entscheidung.

DAS GESCHENK DER MANGELNDEN MÖGLICHKEITEN

„Jetzt neu!", lese ich mit dickem schwarzem Filzstift auf ein rotes Plakat geschrieben: „Kürbiskernquarkbrot!" Diese neue Geschmackskreation lässt mich zögern. Eigentlich war ich im Begriff, das Zimt-Apfel-Roggenbrot zu holen, aber jetzt ...? Über 300 Brotsorten werden von bundesdeutschen Bäckern feilgeboten und stürzen mich in eine postmoderne Entscheidungsnot, der ich mich oftmals nur noch dadurch entziehe, dass ich zu essen versuche, was auf den Tisch kommt. Wer die Wahl hat, hat die Qual. Das gilt inzwischen längst nicht mehr nur für die unüberschaubare Vielfalt eines Büffets sondern auch für die Grundversorgung aus Wasser und Brot. „Glücklich der Mann, der sich nicht einbildet, jede Möglichkeit stehe ihm offen.", heißt es in Walker Percys Roman „Der Idiot des Südens". In dem von Peter Handke kongenial ins Deutsche übertragenen Roman des 1916 geborenen und 1990 gestorbenen amerikanischen Autors wird das Porträt eines jungen Mannes entworfen, der ziellos beobachtend in New York lebt und buchstäblich durch einen Augenblick, den er durch ein Teleskop wirft, seine Bestimmung findet. „Es geschieht heutzutage oft“, so Percy in seinem Roman, „dass Leute nicht wissen, was tun, und so ihr Leben mit dem warten auf dieses oder jenes Zeichen verbringen.“ Dem aus den Südstaaten stammenden jungen Mann fällt es schwer, herauszufinden, was zu tun ist. „Jahrelang war er leicht aus dem Gleichgewicht zu bringen gewesen. Und die Folge: er wusste nicht, wie er leben sollte.“ Percy Walkers Protagonist lebt in der „Möglichkeits-Sphäre“ und wartet auf das Ereignis, dass ihn unbedingt angeht: „auf den Krieg – oder auf das Ende der Welt.“ In beiden Fällen wird, so scheint es, das Mögliche wirklich, ohne dass man selbst etwas dazutun muss. Wie gesagt: ich entziehe mich der Qual der Brotauswahl am liebsten, indem ich die Frage „Was für eines?“ auf meine Bitte „Bring doch ein Brot mit!“ mit der Ausflucht „Irgendeins!“ pariere. Für solche und andere Alltagsentscheidungen gebe ich meine Möglichkeits-Sphäre gerne auf. Nicht auszudenken, wie unglücklich es mich machen würde, stünde mir jede Möglichkeit offen. Das tägliche Brot ist die Gabe von außen, um die ich immer wieder bitte. Auch heute.

LEBEN WAGEN

IN DER SCHWEBE DES LEBENDIGEN

Ein unbeobachteter Augenblick und Tom heult aus Leibeskräften. Was ist passiert? Gemeinsam rekonstruieren wir den Tathergang. Der sechsjährige Tom hat versucht, den Kater festzuhalten, als dieser sich gerade galant entfernen wollte. Ein falscher Eingriff in den Freiheitsdrang des Stubentigers und das Unvermeidliche geschah: Linus fuhr die Krallen aus und entzog sich mit gezieltem Hieb seiner vermeintlichen Festnahme. Wo immer Menschen festhalten wollen, müssen sie schmerzliche Erfahrungen machen. Der Festgehaltene, der Festgesetzte schlägt um sich und sucht sich zu befreien. „Bleib so, wie ich dich kennengelernt habe“, wünscht sich der eine Ehepartner vom anderen. „Wenn Du mich wirklich liebst, wirst du dieses berufliche Angebot ausschlagen und bei mir bleiben“, sagt die Liebende zum Geliebten. Es gehört zu den Urbedürfnissen des Menschen, Situationen, Dinge und Menschen festhalten zu wollen, sie einzuordnen und festzuschreiben. Und es gehört zu den schmerzlichen Erfahrungen menschlicher Existenz, dass alles, was ich festzuhalten versuche, mir am Ende Schmerz zufügt und sich mir entzieht. Max Frisch hat das Wunderbare an der Liebe gerade darin beschrieben, „dass sie uns in der Schwebe des Lebendigen hält, in der Bereitschaft, einem Menschen zu folgen in allen seinen möglichen Entfaltungen.“ Das klingt nach Hochzeitspredigt und Feiertagsspruch, ist aber ein Aufruf zu schmerzvollem Abenteuer. Dem anderen in allen seinen möglichen Entfaltungen zu folgen ... – Wenn das Liebe ist, wo beginnt dann die Selbstaufgabe und die Selbstverletzung? Wer sich von der Liebe in der „Schwebe des Lebendigen“ halten lässt, versucht, von sich abzusehen und das Bedürfnis des anderen höher zu schätzen als die eigenen Sehnsüchte. Soweit das ohne Selbstaufgabe möglich ist, garantiert ein solches Klima der „Schwebe des Lebendigen“, dass der andere sich an meiner Seite entfaltet. „Schwebe“ ist dabei alles andere als ein einseitiges Geschehen. Im weiteren Verlauf des Abends kam Linus übrigens zurück und schmiegte sich an Tom an. Mit samtweichen Pfoten, die Krallen nicht die Spur ausgefahren.

AKTION STATT ILLUSION

Ich hatte sie schon längere Zeit beobachtet. Sie saß mir in der Abflughalle des Flughafens gegenüber. Das strähnige graue Haar von einer violetten Strickmütze zusammengehalten, die Hornbrille auf die Nasenspitze gerückt, ein Strumpfhosenbein verdreht und leicht heruntergerutscht, die Füße in schwarzen Schuhschiffen, die bessere Tage gesehen hatten. Den kleinen Koffer, der mindestens so alt wie sie sein musste, hatte sie sich energisch zwischen Oberschenkel und Ellenbogen geklemmt, als könne ihr noch jetzt jemand ihr Kabinengepäck wegnehmen. Beinahe wie zur Tarnung hatte sie eine große Tageszeitung vor sich entfaltet, die sie, als sie meinen Blick spürte, energisch zusammenfaltete und „Fliegen Sie auch nach Boston, junger Mann?“ fragte. Noch bevor ich antworten konnte, hatte sie mir mitgeteilt, dass sie jetzt bald neunzig Jahre alt werde und ihre Nichte „in den Staaten“, wie sie mit Kennermine sagte, besuchen würde. Ja, und dass sie dieses Jahr schon viermal geflogen sei, die kürzeste Strecke davon sei die nach Paris gewesen. Und ich erfuhr weiter, dass ihr Mann früh gestorben, ihre Witwenrente eigentlich „zu schmal für solche Flüge“ und ihre Familie vertrieben worden wäre. Und dass sie sich nie aufgegeben oder hängen gelassen hätte. Ich brauchte gar nicht viel zu sagen, sie hatte in mir ihren Zuhörer gesucht und gefunden. Als ihr Flug zum Aufruf kam und sie mit einem „So!" Anstalten machte, aufzustehen, sagte ich ihr, wie bewundernswert ich es fände, dass sie in ihrem Alter noch eine solche Reise auf sich nähme. „Ach, wissen Sie", schaute sie mich an, „Vision ohne Aktion bleibt Illusion! Das habe ich eben in der Zeitung gelesen ..." Ich schaute ihr nach, bis sie in der Gangway verschwunden war. Und ich dachte an all das, was ihr unterwegs passieren könnte. Bis mir ein Satz von Franz Kafka einfiel: „Verbringe die Zeit nicht mit der Suche nach einem Hindernis. Vielleicht ist ja keines da." Vermutlich kennt sie dieses Zitat nicht, dachte ich. Aber gefallen würde er ihr.

SUERTE

Stierkampf interessiert mich nicht. Ich würde keine Minute damit zubringen, die sicherlich mythenschwere und folkloreschwangere Begegnung zwischen einem Stier und seinem menschlichen Herausforderer anzuschauen. Warum ich mir trotzdem das Buch mit dem Titel „Stierkampf" einmal gekauft habe, weiß ich gar nicht mehr genau zu sagen. Vielleicht fand ich die Autorin während ihrer Lesung interessant, vielleicht auch die Passagen, die sie aus diesem Buch vorlas. Später, am Signiertisch schrieb mir die Autorin „Suente" in mein Exemplar. Da mein Spanisch eher gar nicht vorhanden als schlecht ist, dachte ich eine ganze Zeit lang, das hieße „In Freundschaft" oder „Alles Gute!" Erst später entdeckte ich, dass ich mich verlesen hatte. Was mir die Autorin von „Stierkampf“ auf die erste Seite geschrieben hatte, hieß „Suerte“. Dieses Wort hat ganz verschiedene Bedeutungen, fand ich heraus. Es kann „Glück“, „Zufall“ und „Schicksal“ ebenso bedeuten, wie „Los“. „Suerte“ ist also das, was mir zufällt, was sich wie der Schwung eines Mantels von einem Augenblick zum anderen um mich herum schließt. Die Redewendung „cargar la suerte“ meint dementsprechend eine Folge von Zufällen und Schicksalsfügungen, die es zu ertragen, ja hinter sich zu bringen gilt. Dabei geht es nicht um ein Abstottern der Ereignisse, sondern um die flüssige, ja geradezu elegante Darbietung der einzelnen Schritte, im festen Vertrauen darauf, dass die einzelnen Schritte sich zu einer gelungenen Figur formen. „Cargar la suerte“, so fand ich weiter heraus, kann auch meinen, im festen Glauben daran, dass ich keinen Fehler machen werde, mein Glück herauszufordern. Das ganze Leben hat etwas von einer „corrida“, einem Stierkampf, lese ich in dem Buch von A.L. Kennedy. „Man kann die corrida als ritualisiertes Entkommen vor dem Untergang und blutige Sinnsuche in den letzten Momenten des Lebens betrachten, als Exorzismus und als Glaubensakt.“, schreibt die schottische Autorin. Und so fordere ich jeden Tag neu mein Glück heraus und hoffe und glaube, dabei am Ende doch eine gute Figur zu machen. Bis der letzte Schritt vollendet ist. Cargar la suerte!

ROHSTOFF GLAUBE

Ida wundert sich, woher die Kirche immer noch ihre Vorräte an Glauben bezieht, wo doch alle Welt vom Verdunsten des Glaubens spricht, vom Verschwinden gläubiger Christen und in logischer Folge dessen vom Sterben der Kirche. Ida wundert sich, bis sie ganz zufällig hinter das Geheimnis kommt. Während eines nächtlichen Spaziergangs durch eine der Pariser Vorstädte fällt ihr vor der Kirche Saint-Thomas d'Aquin ein Laster auf, der sich bei genauerem Hinsehen als Tankwagen entpuppt. Ein dicker schwarzer Schlauch führt aus dem Fahrzeug heraus direkt in das Kellergewölbe der Vorstadtkirche. „Offensichtlich nützt der Pfarrer von Saint-Thomas-d'Aquin die späte Stunde", mutmaßt Ida, „um unauffällig Glauben zu tanken." Die in Offenbach geborene und in Paris lebende Autorin Anne Weber erzählt diese kleine Begebenheit in ihren Geschichten um die exzentrische Kindfrau Ida, welche die dreißigjährige Autorin in ihrem Buch „Ida erfindet das Schießpulver" veröffentlicht hat. „Bleibt nur noch die Frage", denkt sich Ida am Ende dieser Erzählminiatur, „wo das Hauptlager liegt, von dem aus Lastwagen Nacht für Nacht das ganze Land mit Glauben versorgen." Altes und Neues Testament sprechen vom Licht, das alle Menschen erleuchtet, von der Kraft aus der Höhe, von Leben und Dynamik. Glaube hat mit Energie zu tun. Er ist der Kraftstoff, den Kirche und Menschheit brauchen. Doch wo lässt sich Glauben tanken, wo liegt das Hauptlager für diesen offenbar heute so schwer erneuerbaren Rohstoff? Ida beschließt, jetzt, wo sie eine Spur gefunden hat, ihre Ermittlungen nach dem Hauptlager des Glaubens weiterzuführen. Ich ziehe in Erwägung, mich mit ihr auf die Suche zu machen. Es heißt ja in der Schrift, dass mir das Licht in der Finsternis leuchtet. Ob ich zum Hauptlager komme, wenn ich dem Leuchten folge?

DAS GUTE LEBEN

Wie einer der alttestamentlichen Propheten sieht er auf den Autorenbildern von Helga Paris aus: Fred Wander, der mit seinem Roman „Der siebente Brunnen" im vergangenen Jahr eine Art Renaissance erfuhr. 1917 in Wien geboren, emigrierte er 1938 nach Frankreich, wurde dort ein Jahr später interniert und nach Auschwitz und Buchenwald deportiert. Nach dem Krieg ging er zurück nach Wien, übersiedelte 1958 in die DDR, verließ diese wieder nach dem Tod von Maxie Wander und lebt seit 1983 erneut in Wien. Seine Erinnerungen, die im vergangenen Monat unter dem Titel „Das gute Leben" neu aufgelegt wurden, schließen mit den berührenden Sätzen: „Das Denken an den Tod stimmt mich heiter. Und das Wissen um den Hunger meiner Jugend und dem Hunger in der Welt gibt dem Brot, das ich esse, einen kräftigen Geschmack. Ich bin unterwegs, mein Gepäck ist leicht." Solch eine heitere, gelassene Lebenshaltung des Wandersmannes durchzieht seine gesamten Erinnerungen, die nicht umsonst den Untertitel „Von der Fröhlichkeit im Schrecken" tragen. Schon in seinem Roman „Der siebente Brunnen", an dem ich mich selber auf einem schwierigen Stück Lebensweg wie ein Ertrinkender lesend festgehalten habe, fragt Fred Wander: „Warum kostet man ein Leben bis zum letzten Tropfen aus, das nichts mehr zu bieten hatte als Demütigungen und Qualen. Oder hatte es noch etwas anderes zu bieten? Hatte es einen uns überlebenden verborgenen Wert?" Und der Erzähler gibt sich nur wenige Zeilen später selber die Antwort: „Die letzte Zuflucht heißt Liebe. Wer sie nicht kennt, findet nichts mehr, nicht die winzigste Kammer in seiner Brust, wo er sich wärmen kann." Und plötzlich ist in Wanders Text, in dem er bedrückende KZ-Erfahrungen erinnert, dieser Name im Spiel: Jesus. „Wieso denke ich an Jesus", fragt er, „bin ich denn ein Christ?" Und er hebt auf die Geschichte von dem Juden Jesus ab, der die Liebe predigte, die Alliebe, die allgegenwärtige Liebe Gottes, und der deshalb in Juden und Christen und Ungläubigen gleichermaßen sei. Ich denke an Jesu Mahnung „Nehmt nichts mit auf den Weg!" (Mk 6,8 u.ä.) Nichts, nur das leichte Handgepäck der Liebe. Die Erinnerung schärft meine Wahrnehmung. Ach, dass doch der Gedanke an den Tod mich auch heiter stimme! Dann wäre in meinem Leben Ostern, dann wäre Emmaus geworden.

LAZARUS

Die Diagnose ist ein Todesurteil. Blaise Meredith, Priester und Päpstlicher Gesandter zur Prüfung von Heiligsprechungsprozes sen, hat Krebs. Der Arzt sagt, ihm blieben nur noch wenige Wochen. Als Morris L. West in seinem 1959 erschienenen Roman „Des Teufels Advokat" seine literarische Figur nach dieser Diagnose aus dem Sprechzimmer des Arztes in den Frühlingstag hinausgehen lässt, erinnert sich Blaise an die Predigt eines alten Missionars, die er in seiner Studienzeit gehört hat. Um die Auferweckung des Lazarus war es gegangen. „Was empfand Lazarus in diesem Augenblick?", hatte der alte Mann damals gefragt, „Welchen Preis hatte er für die Rückkehr in die Welt der

Lebenden gezahlt? War er von nun an ein Krüppel, dem jede Rose nach Verfall duftete, und jedes goldhaarige Mädchen als ein schlotterndes Skelett erschien? Oder wandelte er in betäubendem Staunen über das neue Antlitz der Dinge, im Herzen zärtliches Mitleid und Liebe zum Menschengeschlecht?" Der todgeweihte Blaise, dessen Zukunft auf eine kurze, leere Perspektive zusammengeschmolzen ist, findet in Wests Unterhaltungsroman die Antwort: „Nichts ist dem Menschen so köstlich wie das Leben, nichts kostbarer als die Zeit, nichts erquickender als die Berührung von Erde und Gras, das Säuseln wehender Winde, der Duft neu erblühter Blumen, Menschenstimmen und Verkehrslärm und schriller Vogelsang." Eine Antwort, die so banal ist, wie das Leben selber. Und doch so zutreffend und großartig für all diejenigen, die ahnen, welch ein Geschenk das „nackte" Leben ist. Wer den Tod in seinen vielerlei Gestalten im Leben am Werk sieht, steht vor der Wahl, in Untröstlichkeit zu verfallen oder sich über das kostbare Geschenk jedes Augenblicks zu freuen.

ETWAS BESSERES ALS DEN TOD

Er war am Ende. Jahrelang hatte er gute Dienste getan, den Rücken hingehalten. Jetzt roch es nach Abdeckerei und Beseitigung. Da entschloss er sich, den Aufbruch zu wagen. Es würde der letzte sein, da war er sicher. Unterwegs traf er andere: einen Hund, eine Katze, einen Hahn. „Wer kann da lustig sein, wenn's einem an den Kragen geht?", fragt die Katze zurück, als der Esel wissen will, warum sie ein Gesicht wie drei Tage Regenwetter macht. Sie haben alle ausgedient und das

Ende der Fahnenstange erreicht. Doch der Esel bringt das Motiv, das jeden Aufbruch begründet, auf den Punkt: „Etwas besseres als den Tod findest du überall!" Eigentlich eine Ostergeschichte, dieses Märchen von den drei Bremer Stadtmusikanten, die aufbrechen, um ihrem sicheren Ende zu entgegen. Vier, die den sicheren Weg in den Tod nicht mehr mitgehen. Der Tod hat eine Alternative - und die findet sich überall, wo der Tod nicht ist. Zu allen Zeiten hat der christliche Glaube diesen Wagemut und diese Entschlossenheit geatmet. Menschen haben daraufhin ihre Heimat verlassen und sind todesmutig in fremde Welten aufgebrochen. Andere haben die Sicherheit der eigenen Existenz aufgegeben und sich für die Botschaft der Freiheit oder für einen anderen Menschen auf die Suche nach dem gemacht, was hinter der Mauer des Todes wartet. Wer glaubt, neigt zu einer Penetranz der Hoffnung und zu einem Höchstmaß an Frustratio nsbereitschaft. In dem von Gustav Mahler in der Zweiten Symphonie vertonten Gedicht „Urlicht" aus der Liedsammlung „Des Knaben Wunderhorn" heißt es: „Da kam ich auf einen breiten Weg,/ Da kam ein Engellein und wollt mich abweisen,/ Ach nein ich ließ mich nicht abweisen./ Ich bin von Gott, ich will wieder zu Gott,/ Der liebe Gott wird mir ein Lichtchen geben,/ Wird leuchten mir bis in das ewig selig Leben." Vielleicht ist es gerade das, was Ostern einer Gesellschaft wie der unsrigen heute noch zu sagen vermag: sich nicht abweisen zu lassen, gegen jeden Widerstand und jede Todesmacht aufstehen und das suchen, was besser ist als der Tod. Und die Ketten sprengen, die mir das Leben und mehr noch der Tod immer wieder anzulegen versucht. Nein, ich lass mich nicht abweisen. Jedenfalls nicht so schnell. Weil das, was kommt, noch voller Leben sein kann. Das jedenfalls verspricht mir das Osterlicht.

UNKRAUT UND WEIZEN

Ihre Wohnung ist ein Saustall. Faustgroße Staubflocken bleiben an angebissenen Brotscheiben hängen, Zeitungsstapel verstellen den Weg, schmutzige Wäsche bricht aus allen Schubladen hervor und verläuft sich in den freibleibenden Gängen. Wie eine dralle Urmutter lebt Emma inmitten ihres paradiesischen Bauernhofes: Schwarte an Schwarte mit ihren Schweinen und in ebensolchem Einklang mit ihrem Gemüse. Schwierig wird es für dieses pralle Leben in Claudia Schreibers alles andere als trivialem Roman „Emmas Glück“, als in dieses Paradies durch einen abenteuerlichen Zufall ein Adam hereinplatzt, der nicht Bein von Emmas Bein ist. Der Städter Max ist nicht nur dem Tode geweiht, er steht jeder Form von Natur überaus skeptisch gegenüber, braucht seine seit Kindesbeinen erlernten Zwanghaftigkeiten, um seine Ordnung aufrecht zu erhalten, die ihn leben lässt. Die Liebesgeschichte dieser beiden so unterschiedlichen Gewächse hat keine Zukunft. Für eine Zeit gedeihen sie nebeneinander her und aneinander, bis für Max der Tag der Ernte da ist und er sterben wird. „In dieser Zeit, in diesen wenigen Wochen nur, hatte sich in seinem Leben alles ereignet, für das es sich zu leben lohnte.“, fasst die Erzählerin am Ende zusammen. Während des Einblicks in die kurze Zeit der Begegnung, die den Lesern dieses Sommer- und Strandkorbromans gewährt wird, ist oft nicht unterscheidbar, wer von beiden Unkraut und wer Weizen ist. Und diese Ununterscheidbarkeit rührt daher, dass beide voneinander lernen und in der so fremden und abstoßenden Seite des anderen eine Faszination entdecken, die zu Ausprobieren und Nachahmung anregt. Vielleicht brauchen Menschen gerade das provozierend Andere, der zwanghafte Musterweizen das freiheitliche Unkraut, der Ängstliche den Mutigen, der Schöne den Hässlichen damit Entwicklung möglich ist und Horizonte sich öffnen. Auf dem engen Feld dieses Lebens. Und darüber hinaus.

DEN GÜRTEL WEITER SCHNALLEN

Stolz wie Oskar. So ist Florian mit seinem Zeugnis unterwegs nach Hause. Vier Einser und drei Zweier zieren das, was sein Vater gewollt witzig „Jammerlappen" nennt. Florian hat keinen Grund zu jammern. Selbst sein Mathematiklehrer hat auf das angedrohte „ausreichend" verzichtet und sich zu einem „befriedigend" durchgerungen. Am liebsten würde Florian nach Hause rennen, das Zeugnis voller Glück schwenkend, unterlegt mit dem Chor aus Beethovens 9. Symphonie: „Freude, schöner Götterfunken ...!" Daheim mustert Florians Vater die Leistungen seines Sohnes. Ganz Autorität prüft er kritisch jede Note jeden Unterrichtsfaches. Dann fragt er, wie denn das Zeugnis von Martin, dem Nachbarsjungen, ausgefallen sei. Nachdem ihn sein Sohn über Martins Noten und dessen Durchschnitt aufgeklärt hat, schwenkt Florians Vater zu einem kurzen Satz der Anerkennung über, um seinen Sohn dann zu ermahnen, sich jetzt aber nicht auf den Lorbeeren auszuruhen. Florians helle Freude ist längst verflogen. Seine Leistung, auf die er so unendlich stolz gewesen ist, hat sich in eine Bagatelle verwandelt. Der Vergleich mit dem Zeugnis des Nachbarsjungen hat seinen Noten jeden Glanz genommen. Die Ermahnung seines Vaters lässt ihm sein Zeugnis eher als Glück im Spiel denn als redlich erworbene Leistung erscheinen. Thomas Bernhard hat in seinem

Roman „Der Untergeher“ Menschen wie Florians Vater „Entwicklungsverhinderer“ genannt. Und sie sind ja immer mitten unter uns: die ewigen Cunctatoren und Bedenkenträger, die Alles-Besser-Wisser und Mit-Vorsicht-Genießer. Der Satiriker Wiglaf Droste hat zusammen mit dem Starkoch Vincent Klink vor kurzem eine „kulinarische Kampfschrift“ mit dem Slogan „Wir schnallen den Gürtel weiter“ herausgegeben. In Zeiten, in denen alles den Gürtel enger schnallt, sei es Zeit, den barocken Überfluss zu üben. Vielleicht könnte man bei so etwas einfachem wie Lob, Mitfreude, Komplimenten und Anerkennung schon einmal anfangen. Dort, finde ich, kann man nicht verschwenderisch genug sein.

JAHRESSCHLUSSDANKANDACHTEN

Der Organist improvisiert über die Melodie des Kirchenliedes „Das alte Jahr vergangen ist“. Noch einmal und schon wieder ein Jahreswechsel. Ich sitze in der Dankandacht zum Jahresschluss, wieder mit ein paar Haaren weniger, erleichtert um das Stückchen krankhaften Gewebes, das man mir entfernen musste und um den Zahn, der lange schon schmerzte. Ärmer auch um manche Illusionen, die ich letztes Jahr noch pflegte, und beraubt um einige Menschen, die im Laufe des Jahres für mich gestorben sind, für die ich gestorben bin oder die einfach nur tot sind. „Das Schicksal ist gnädig und vertuscht vorerst seine Grausamkeiten“, schreibt Arnold Stadler in seinem autobiographischen Buch „Mein Hund, meine Sau, mein Leben“, seiner „kleinen Passionsgeschichte“, wie er sagt. Und er erinnert sich daran, wie er „in Jahresschlussdankandachten herumsaß“, um zu danken dafür, dass das Schicksal ihn nicht erwischt hatte. Damals, so schreibt er, wusste ich ja noch nicht, „dass sich nach dem Prinzip ‚Zehn kleine Negerlein' die Welt veränderte, meine Welt." In der Rückschau wird ihm klar, dass das Schicksal hart ist, „härter als der Zahn der Bisamratte" und dass es nicht mit sich scherzen lässt. „Es vertuscht sich bis zuletzt.", sagt Stadler, „Wir sollen nichts von ihm wissen, bis wir gemeint sind." Und so wünscht mir einer ein gutes neues Jahr, ein gesegnetes obendrein. Aber er weiß noch nicht. Und ich weiß es auch nicht. In meiner Heimatstadt hört man die Leute am Neujahrstag sagen: „Wie wir hineingekommen sind, wissen wir, hoffen wir, dass wir auch gut wieder herauskommen!" Sie sagen es nach den Neujahrswünschen und dem „Prosit Neujahr!" und es klingt ein wenig wie eine Bauernregel. Aber sicher werden auch Menschen an anderen Orten so denken und sagen, denn in ein neues Jahr zu treten: das ist ernst und fordert Wagemut. Und vielleicht hilft angesichts des sich vertuschenden Schicksals wirklich nur, was Eduard Mörike in einer Neujahrsbitte formulierte: „Du Vater, du rate! Lenke Du und wende!" Einen besseren Weg, meine Schicksalsangst an der Schwelle zum neuen Jahr zu bewältigen, weiß ich nicht.

ES GEHT BERGAUF

Eine Woche vor Weihnachten meinte der Kölner Kabarettist Jürgen Becker mit bitterbösem Augenzwinkern in seiner Sendung „Mitternachtsspitzen", die Deutschen seien mittlerweile so ängstlich vor der Zukunft, dass sie sogar befürchteten, sie schafften es noch nicht einmal bis in das neue Jahr. Inzwischen liegen die Feiertage hinter uns und spätestens ab morgen geht an Arbeitsplatz und Schule wieder alles seinen gewohnten Gang. „Guten Rutsch!“ haben wir uns noch vor einer Woche gewünscht. Und wer nicht darüber nachdenkt, dass an der Wiege dieses Wunsches mal ein hebräisch-jiddischer Neujahrsgruß stand, wird denken, man solle möglichst geschmeidig ins neue Jahr gleiten, ohne Ecken, Kanten und Widerstände, vor allem aber ohne Zukunftsangst. Dabei stellt das neue Jahr für nicht wenige ein angstbesetztes Pensum dar, das es abzuarbeiten gilt. Wie ein Berg, der bestiegen sein will, bauen sich die schon bis zur Hälfte hier und da beschrifteten Seiten meines Kalenders vor mir auf. Eine Wegstrecke gilt es zu absolvieren, von der trotz aller Kalender, Timer und Planer niemand weiß, wohin sie führt. Noch ist alles neu und wenig vertraut, noch gehe ich mit diesem neuen Jahr um wie mit der Aktentasche oder der Geldbörse, die ich Weihnachten geschenkt bekommen habe: behutsam und schonend. Bis sie – wie das neue Jahr auch – erste Gebrauchsspuren bekommen, der Umgang unachtsamer wird und ich mich irgendwann mühevoll erinnern muss, wie sie aussahen, als sie neu waren. Es geht bergauf, die Zeit läuft, das Jahr ruft nach Eroberung und Bezwingung. Der behutsame und schonende Umgang mit dem neuen Jahr verliert sich alsbald von selbst. Peter Handke hat einem seiner literarischen Weggefährten ins Poesie-Album geschrieben: „Heimwärts heißt für mich: bergauf!“ Das schreibe ich mir auf die erste Seite meines Kalenders. In Rot. Doppelt unterstrichen. Nur wenn ich den Weg auch diesen Jahres gestaltend unter die Füße nehme, gelange ich nach Hause. Wer sein Jahr zu schonen versucht, bleibt auf der Strecke.

EIN SCHAF FÜRS LEBEN

„Hunger, Hunger, Hunger!", murmelt der Wolf im Takt seiner Schritte, als er missmutig an einem Winterabend mit seinem Schlitten durch den Schnee trottet. Bis er in einem einsamen Bauernhof ein Schaf findet. „Wir wollen die Sache mit Stil angehen", murmelt der Wolf und lädt das Schaf ein, eine Schlittenfahrt mit ihm zu machen. „Erfahrungen, darauf kommt es an. Das möchte ich Ihnen heute Nacht zeigen", sagt der Wolf, der das Schaf vorsichtshalber siezt. Das Schaf hält „Erfahrungen" für eine Ortschaft und zieht seine Winterstiefel an. „Was für ein Wolf!", denkt das Schaf, „So einen Freund habe ich mir immer schon gewünscht." Für den Wolf jedoch, der sich immer wieder fragt, wann und wie er nun an diesem Schaf seinen Hunger stillen kann, nimmt der Ausflug eine ungeahnte Wende: er spürt, dass er für das Schaf mehr empfindet, als sein Wolfshunger ihm eigentlich zugestehen kann. Als sie beide auf einem zugefrorenen See seilchenspringen, stürzt der Wolf zu allem Überfluss auch noch in ein frisch aufgebrochnes Eisloch. So wird das Schaf zum Lebensretter und bringt den Wolf, ohne es zu ahnen, in sein Haus im Wald zurück. Dort träumt der schwer erkältete Wolf seinen Fiebertraum: wie er in einem Restaurant sitzt und ein Ober ihm seinen Begleiter, sein Schaf mit Winterstiefeln servieren will. Kaum erwacht, mahnt der Wolf, der sonst nur kommt, um zu stehlen, zu schlachten und zu vernichten, das Schaf, so bald wie möglich schnell von ihm wegzugehen. Maritgen Matter erzählt diese nachdenklich machende Geschichte vom Wolf, der sich zwischen seinem Hunger und seiner Zuneigung entscheiden muss, in ihrem mehrfach preisgekrönten, 2003 erschienenen Kinderbuch „Ein Schaf fürs

Leben". Solange Menschen einander fremd sind, drohen auch sie wie Diebe und Räuber miteinander umzugehen. Wo sie aber Erfahrungen miteinander teilen, kann es geschehen, dass sie den anderen höher achten als ihre eigenen Bedürfnisse. Und siehe da: es wohnt der Wolf beim Lamm.

LEBENSSTARRE

Seine Gesichtszüge sind kaum noch zu erkennen. War da die Nase? Die Schnauze unglaublich dreckig, das Fell verfilzt. Vom Regal herab schaut er mich an: Jocko. Es gab eine Zeit, da waren wir unzertrennlich, mein Stoffaffe und ich. Keine Freude, die wir damals nicht verdoppelt, kein Leid, das wir nicht halbiert hätten. Und ich erinnere mich daran, wie ich mir damals, vor über dreißig Jahren, wünschte, ich würde ihn für einen Augenblick zum Leben erwecken können. Mein innigster Wunsch war, er würde von sich aus laufen, mich umarmen, die Faust ballen, irgendeinen Unsinn anstellen und unseren gemeinsamen Lebensraum erkunden. Aber leider blieb er in seiner immer gleichen Stofftierstarre, ließ auf ewig und drei Tage die Fittiche hängen, solange ich sie ihm nicht bewegte. Ich musste unweigerlich daran zurückdenken, als ich mit wachsendem Vergnügen das jüngst erschienene Buch „Ein Leben als Zwerg" von Urs Widmer las. Dabei schreibt hier gar nicht Urs Widmer, sondern sein acht Zentimeter großer Spielzeugzwerg aus Gummi, der auf den Namen „Vigolette alt" hört. „Die Menschen denken", schreibt also Widmers Zwerg, „ich sei ein Spielzeug. Ein Spielzwerg. Sie haben Recht, aber sie kennen nur die halbe Wahrheit." Und dann führt Vigolette seine Leser in das Geheimnis der Zwerge ein, das darin besteht, dass ein Spielzeugzwerg, auf den der Blick eines Menschen fällt, steif und starr wird und gezwungen ist, in der immer selben Haltung zu verharren. Diese „Lebensstarre" überfällt uns, schreibt Widmers Kindheitsbegleiter, „eine Hundertstelsekunde bevor der Blick uns erreicht und verlässt uns ebenso sofort, wenn der Mensch wieder woandershin blickt. Ich habe dann die Arme am Körper wie in einer etwas nachlässigen Habachtstellung und mache ein dummes Gesicht." Sobald der Mensch jedoch wegschaut, werden die Zwerge äußerst fix, sausen durch die Wohnung, Tischbeine hinauf, Tischbeine hinunter, die glatten Wände hoch, wenn es sein muss. Ich schaue zu Jocko auf dem Regal hoch und frage mich, wo er sich in all den Jahren herumgetrieben haben mag, wenn mein Blick nicht auf ihn fiel. Und ich denke, wie oft ich unter dem Blick eines anderen Menschen in jene „Lebensstarre" gefallen bin, die mich so hilflos und dämlich wie ein Stofftier und einen Plastikzwerg aussehen lässt. Dabei bin ich in Wirklichkeit doch ganz anders: fix wie ein Irrwisch zuweilen und alles andere als verschlafen dreinblickend oder dumm dastehend. Aber ich fürchte, dieses Schicksal einer „Lebensstarre" unter dem Blick des anderen ist das, was meine Existenz mit der meines Stoffaffen und mit der von Urs Widmers Plastikzwerg verbindet. Schau doch weg, denken wir drei, damit wir uns so bewegen können, wie wir sind.

DAS ENDE DER SELBSTVERSTÄNDLICHEN SICHERHEIT

„Alles ist jetzt möglich, auch das Schlimmste. Denn auch das Schlimmste streicht immer in der Meute des Möglichen umher. Die Hyäne des Schlimmsten tummelt sich ziellos in der Banalität." Das sind Sätze, die der Erzähler vor der Katastrophe formuliert, die in Pierre Péjus Roman „Die kleine Kartäuserin" entfaltet wird. Die kleine Eva läuft völlig überraschend dem zurückgezogen in seiner Bücherwelt lebenden Antiquar Etienne Vollard vor den Lieferwagen. Schwer verletzt liegt Eva wochenlang im Koma. Da ihre Mutter mit der Situation völlig überfordert ist, versucht Etienne unermüdlich, mit nacherzählten und vorgelesenen Texten das Erwachen der kleinen Eva herbeizuführen. Doch als sie am Ende erwacht, erlischt ihr Leben doch nach kurzer Zeit. Vollard stürzt sich daraufhin in den Tod. „Sein letzter Schritt in den brüllenden Abgrund all dessen, was je geschrieben, was je zu lesen gegeben wurde. Sein erster Schritt in das Vergessen der Bücher.", wie der Erzähler zusammenfasst. Sich wirklich zu vergegenwärtigen, dass in jedem Augenblick das Schlimmste möglich ist, dass möglicherweise im nächsten Moment eine Katastrophe, ja die Vernichtung meiner ganzen Existenz aus der Banalität des Alltäglichen hervortritt, kann mich in eine heillose Angst vor all dem stürzen, was mir zustoßen mag. Eine solche Angst lähmt und schließt den Menschen in sich selber ein. Wahrhaftig zu begreifen, dass es keine Sicherheit gibt, kann mir aber auch vor Augen führen, dass der einigermaßen glimpflich ablaufende Alltag mehr Geschenk als Routine ist. Plötzlich geht mir auf, dass es nicht selbstverständlich ist, heute gesund, wohlbehalten zurückgekehrt, gut gelandet und ohne Komplikationen durchgekommen zu sein. Etienne Vollard setzt seinem Leben übrigens nicht deshalb ein Ende, weil er sich am Tod der kleinen Eva schuldig fühlt. Er erkennt nur an Eva und ihrer Mutter, was letztlich seine eigene Katastrophe ist: der fehlende Kontakt. Kein Buch, keine Lektüre vermag ihm diesen Mangel zu ersetzen. Dabei ist Kontakt vielleicht das einzige, was die allgegenwärtige Unsicherheit des Lebens erträglich macht.

DIE FLUIDALE URHEIMAT

Peter Handke war und ist ein Voyeur des Ästhetischen. Das stellt er in seinen Aufzeichnungen aus dem Zeitraum zwischen November 1987 und Juli 1990, die vor kurzem unter dem Titel „Gestern unterwegs“ erschienen sind, erneut unter Beweis. Um ein „Mit-Schreiben mit den täglichen und nächtlichen Geschehnissen“ während des „fast ständigen Unterwegssein, ohne festen Wohnsitz“ in diesen Jahren handelt es sich. In dieser Fundgrube tiefer, während des Gehens entwickelter Gedanken, findet sich auch die Notiz einer Grabinschrift, die Handke auf einem ausgedienten Kreuz in der Abfallecke eines Friedhofs gelesen hat: „Am ... kehrte X.Y. in seine fluidale Urheimat zurück“. Ich schlage im Duden nach und finde dort den Begriff „fluidal“ als eine neulateinische Bildung und in erster Linie als geologischen Begriff erklärt, der soviel sagen will wie: „Fließstrukturen aufweisend“. Alles im Fluss also. Vielleicht hat sich der Glaube der Menschen, die diesen Grabstein geschaffen haben, wirklich vorgestellt, dass der Mensch nach dem Tod in ein ewiges Fließen, in das Urfruchtwasser der Urmutter Erde zurückkehrt. Gut möglich, dass sie auch die Auflösung des

Menschen nach dem Tod im Sinn hatten, sein Zerfließen in der Materie, aus der er gestaltet wurde; so, wie es in der Begräbnisliturgie heißt: „Von der Erde bist Du genommen und zur Erde kehrst Du zurück." Wie auch immer: wie diese „fluidale Urheimat" aussieht und was sie aus uns machen wird, das bleibt wohl mehr den Augen des Glaubens als der Wissenschaft vorbehalten. „Der Schmetterling", sagt Hans Magnus Enzensberger in seinem Gedicht „Die Grablegung" über die im Tod aus dem Körper des Menschen sich befreiende Seele, „gehört einer Art an, von der wir nichts wissen." Aber gut, hoffen zu können, dass auch nach dem Tod kein starrer Zustand auf mich wartet, sondern alles im Fluss bleibt. „Ich habe nur den Raum gewechselt", las ich kürzlich auf einer Todesanzeige. Von einem Fluidum zum anderen, denke ich mir. Heimat ist da, wo alles in Bewegung bleibt.

ENTRÜMPELUNG

Wir waren eher schleppend ins Gespräch gekommen. Sie erzählte mir, dass sie mit ihrem Mann, ihrem erwachsenen Sohn und ihrer Pflegetochter vor kurzem aus Hamburg zurück in ihr Heimatdorf gezogen sei. Mit jedem Satz, den sie weiter sprach, ging mir auf, wie unglücklich sie über diese Entscheidung war. Die Anonymität der Großstadt war für sie eine Erfahrung der Freiheit geworden. Dort hatte sie das Gefühl gehabt, anerkannt zu sein und sich nicht verstecken zu müssen. Dort hatte man verstanden, dass ihr Sohn homosexuell, ihre Ehe schwierig und ihre Tochter psychisch auffällig war. „In meinem Heimatdorf bin und bleibe ich die Tochter meines Vaters.", seufzte sie. „Und ich kann mich des Gefühls nicht erwehren, dass die anderen denken: ihr Vater war schon eine arme und gescheiterte Existenz und sie ist es auch. Sieh Dir doch nur die Kinder an!" Im weiteren Verlauf unseres Gespräches ging ihr auf, dass die Jahre in Hamburg wohl immer noch nicht gereicht hatten, alten Ballast abzuwerfen. „Weißt Du, ich hab so das Gefühl", sagte sie, „da stehen immer noch riesige Sätze im Raum, die ich seit Kindertagen aufbewahrt habe und die mir die Luft zum Atmen nehmen. Ich muss dringend entrümpeln!" Mir blieb nichts anderes, als zu schmunzeln, denn ich war gerade umgezogen und hatte versucht, mich von manchen unnützen, überflüssigen und belastenden Dingen zu trennen. Eine schweißtreibende Knochenarbeit war das, eine Entscheidungsarbeit: was, wenn ich das doch noch mal irgendwann brauche? Und ich stellte mir vor wie es gewesen wäre, wenn meine Wohnung voll mit übergroßen Sätzen gestanden hätte: „Das kannst Du sowieso nicht!" oder „Wenn etwas schlecht läuft, dann läuft es bei Dir schlecht!" oder „Du hast dazu gar nichts zu sagen!" und „Was sollen denn die Leute denken?" Groß und grell erleuchtet stellte ich mir diese sperrigen Kindheitssätze vor, scharfkantig und schwer. Und ich sah mich diese Sätze packen und wuchten, zerkleinern und zertrümmern, hochwuchten und wegwerfen. Die Haut an den Händen rissen sie dabei auf, der Rücken tat weh und ich spürte am Ende jede Muskelfaser. Aber sie waren weg! Endlich! Doch leider ist das nur ein Tagtraum und es wird wohl immer einfacher sein, die „Hardware" meines Lebens, die Staffage und die Requisiten meines Alltags zu entsorgen als jene tief in meiner Seele verwurzelten Botschaften, jene „Software", die mich unendlich sanft so hart und unerbittlich in ihren Klauen hat.

SEHNSUCHT NACH BEGLEITUNG

Wir standen verfroren in der Eiseskälte der Abschiedshalle. Ein leicht gebräunter, sportlicher Bestattungsredner mühte sich seit zehn Minuten, Betroffenheit herzustellen und dem frühen Tod unserer Bekannten einen Sinn zu geben. Ganz vorne sah ich, wie Annegrets Kopf immer mehr zwischen ihren Schultern versank. Sie nahm Abschied von ihrer besten Freundin und Weggefährtin. „Wir hören jetzt die Einspielung eines Liedes, das die Angehörigen der verstorbenen sich für diese Stunde besonders gewünscht haben", hörte ich den Bestattungsredner von weitem. Als die ersten Töne des Wolgalieds aus Franz Lehárs „Zarewitsch" erklangen, dachte ich nur: das darf doch wohl nicht wahr sein! Aus den Augenwinkeln heraus versuchte ich auszumachen, welche Reaktionen sich bei den anderen Gästen der Trauerfeier einstellten, als irgendeine schmalzige Männerstimme aus dem Lautsprecher hören ließ: „Es steht ein Soldat am Wolgastrand ...". Äußerste Beherrschung war nötig, mir Kopfschütteln und lautes Lachen zu verbieten. Doch irgendwann sang die Stimme vom Band: „Du hast im Himmel viel Engel bei dir, schick doch einen davon auch zu mir!" Wie immer dieser Text in Lehárs Oper auch zu verstehen sein mag: mir leuchtete ein, warum Annegret ihn für diese Abschiedsstunde ausgewählt haben mochte. Und plötzlich rührte mich dieser mir anfangs so peinlich erscheinende Liedtext auf eine mir selbst ganz fremde Weise. Mich, der ich dieser ganzen Engelmode der letzten Jahre eher skeptisch gegenüberstehe, der ich mich oft lustig mache über die zunehmende Banalisierung der Gefühle und gern auf Distanz gehe, wo mir etwas zu sentimental wird. Was Annegret in die Worte dieses Opernschlagers kleiden wollte, war doch nur der Wunsch, nicht allein zurückbleiben zu müssen, etwas weniger hart erfahren zu müssen, was es heißt, mutterseelenallein ins Dasein hinausgeworfen zu sein. Die sentimentale Frage des Soldaten am Wolgastrand „Hast Du dort oben vergessen auf mich?" war in dieser schweren Stunde Annegrets Frage, die sie nicht nur an Gott sondern auch an ihre Freundin richtete. Kein Mensch hat das Recht, dachte ich bei mir, sich über diese Art, wie sie ihrer Frage und ihrer Sehnsucht Ausdruck gibt, lustig zu machen. Wo Bewertungen im Raum sind, schweigt das Gefühl. Und suchen wir, wenn wir ehrlich sind, nicht alle nach jenen Kräften, die uns auf den Wegen unserer Lebensnacht führen? Heinrich Böll hat es seiner Enkelin Samay gegenüber so ausgedrückt: „Wir kommen weit her, liebes Kind, und müssen weit gehen. Keine Angst! Alle sind bei Dir, die vor Dir waren: deine Mutter, dein Vater und alle, die vor ihnen waren, weit, weit zurück. Alle sind bei Dir. Keine Angst!"

LEBENSTEPPICH

Das müssen Sie unbedingt lesen, versuchten mich meine Schüler im Brustton der Überzeugung zu drängen. Ich zögerte. „Die 13 ½ Leben des Käpt'n Blaubär" des Comiczeichners und Drehbuchautors Walter Moers mit Waldspinnenhexen, Berghutzen, Selsillen und anderen erklärungsbedürftigen Wundern, Daseinsformen und Phänomenen war nicht wirklich „mein Ding", wie man so sagt. Bis ich auf Qwert, einen Mitschüler des Käpt'n Blaubär in der Nachtschule von Prof. Dr. Abdul Nachtigaller, stieß. In dieser ganzen märchenhaften Welt, die Walter Moers wie ein Feuerwerk vor seinen Lesern zündet, ist Qwert ein

„Gallertprinz“ aus der 2364. Dimension. Er hat das Aussehen und die Konsistenz eines Wackelpuddings. Und er vergießt manche Träne darüber, dass er durch ein Dimensionsloch aus seiner Welt herausgefallen ist und nun nicht mehr in seine Dimension zurückfindet. Vor allem aber leidet er sehr darunter, seinen Lebensteppich nicht mehr zu besitzen. Jeder Bewohner der 2364. Dimension, so entwirft es Walter Moers in den Abenteuern des Käpt'n Blaubär, webt nebenher an seinem Lebensteppich, der eine Art Tagebuch, Altersversorgung und Begräbnisritual in einem ist. „Im Laufe seines Lebens knüpfte man in dieses Werk alle Erinnerungen, Daten, Bilder und Ereignisse, die einem wichtig erschienen. Das Alter, in dem es immer gefährlicher wurde, sich auf fremden Webbahnen zu bewegen, verbrachte man vorwiegend auf seinem eigenen Lebensteppich und verkürzte sich die Zeit mit der Betrachtung der Bilder und Erinnerungen.“, heißt es in den „13 ½ Leben des Käpt'n Blaubär“, „Wenn man starb, wurde man in diesen Teppich eingerollt und in ein Dimensionsloch geworfen.“ Ganz schön irre, diese Welt, die sich da wie ein Panoptikum entfaltet. Dabei lässt mich das Bild des Lebensteppichs in all seiner Ernsthaftigkeit gar nicht mehr los. Nicht nur, weil schon bei Jesaja davon die Rede ist, dass mein Leben irgendwann abgeschnitten wird wie ein fertig gewobenes Tuch, sondern auch, weil ich an all die Webfehler denken muss, die ich mir aus Unachtsamkeit eingebrockt habe, und weil ich vielleicht schon längst begonnen habe, mir die Zeit mit der Betrachtung der Bilder und Erinnerungen zu verkürzen, anstatt mich auf fremden Webbahnen zu bewegen. Und sicher vergösse auch ich, wie der Gallertprinz Qwert, manche Träne, besäße ich meinen Lebensteppich nicht mehr.

DIE „ALLES-WIRD-GUT-LEICHTIGKEIT“

Lilly ist dreizehn, als ihre Mutter stirbt. Es ist nicht der erste Verlust, den sie zu verschmerzen hat. Ihr Vater Jochen ist irgendwann auf einen Berg geklettert und nicht mehr zurückgelehrt, obwohl er in ihren Augen ein Held war und ihre Mutter aus der DDR befreit hat. Und jetzt erliegt ihre Mutter einem Krebsleiden. Als sie vom Tod der Mutter erfährt, bricht nicht nur ihre Kindheit schlagartig zusammen. „Ich, Lilly Engelhart, dreizehn Jahre alt, höre am Dienstag, dem 22. November 1988 um 9.55 Uhr auf zu existieren.“, schreibt sie. Anne C. Voorhoeve erzählt in ihrem Jugendroman „Lilly unter den Linden“ in einer fast märchenhaften Weise, wie Lilly sich mit ihrem gepackten Rucksack aufmacht, um Tante Lena, die Schwester ihrer Mutter in Jena, zu suchen. Sie ist die einzige Familie, die Lilly noch bleibt. Unbeirrt von politischen und bürokratischen Hindernissen kämpft sie sich zu Tante Lena durch, die sie zum ersten Mal auf dem Begräbnis ihrer Mutter kennengelernt hat. Damals erschien sie ihr wie ein rettender Engel, den sie aber all zu schnell wieder an ein System verloren hat, das sich DDR nennt und das sie nicht versteht. „Ich glaube, den Verlust meiner Mutter werde ich mein Leben lang spüren, auch wenn ich mich natürlich längst damit abgefunden habe.“, sagt die Ich-Erzählerin Lilly, „Aber wenn man einen Menschen verliert, der noch lebt, ist es etwas anderes. Man wird immer versuchen, ihn wiederzufinden. Man findet sich nie damit ab.“ Ja, mit Tante Lena, das ist schon seltsam. Durch sie verspürt Lilly ausgerechnet am Tag der Beerdigung ihrer Mutter erstmals seit langer Zeit wieder „diesen kleinen inneren Luftsprung“, erlebt „diese Alles-wird-gut-Leichtigkeit, die die Menschen Hoffnung nennen.“

Und Tante Lena scheint diese „Alles-wird-gut-Leichtigkeit" nachgerade zu verkörpern: sie ist nie schlechter Laune, gibt sich mit den politischen Gegebenheiten in ihrem Land, genannt die DDR, zufrieden und strahlt Geborgenheit aus. „Lena, glaubst Du an Gott?", lässt Anne C. Voorhoeve Lilly fragen. „Ich glaube an die Sehnsucht nach Gott.", antwortet Lena flüsternd, „Und an das oder den, der uns diese Sehnsucht ins Herz legt. Vielleicht ist das Gott?" Die Geschichte Lillys und ihrer „neuen Mutter" Lena ruft in ihrer einfühlsam erzählten Art etwas in Erinnerung, was in der dumpfen Alltagsroutine des Glaubens und der universitären Schwere der Glaubensreflexion leicht in Vergessenheit gerät: dass Menschen, die wirklich Sehnsucht nach Gott haben, diese Alles-wird-gut-Leichtigkeit ausstrahlen, die auch Christen Hoffnung nennen.